**Opus 78**

# Ivano Gianola
# LAC Lugano Arte e Cultura

Text
Frank R. Werner

Photographien/Photographs
Christian Richters

Edition Axel Menges

Herausgeber/Editor: Axel Menges


ISBN 978-3-932565-78-6



Druck und Bindearbeiten/Printing and binding: Graspo CZ, a.s., Zlín, Tschechische Republik/Czech Republic

Übersetzung ins Englische/Translation into English: Friedrich Ragette

Gestaltung/Design: Axel Menges

## Inhalt



## Contents

Frank R. Werner

**Auferstanden aus Ruinen – Ivano Gianolas neues Kunst- und Kulturzentrum LAC in Lugano**

Nähert man sich auf der Autobahn, von Süden her kommend, der Stadt Lugano, dann fährt man in der Regel an der Ausfahrt Lugano-Süd ab, um über den Vorort Paradiso und die Seeuferstraße Riva Antonio Caccia das Zentrum der Stadt zu erreichen. Nachdem man die mehr oder weniger belanglose, vorwiegend aus der zweiten Hälfte des 20. Jahrhunderts datierende Uferbebauung mit ihren Hotels, Büro- und Wohngebäuden passiert hatte, traf man noch bis um das Jahr 2000 herum linker Hand auf ein verwunschenes Areal, das in Lugano lange als Schandfleck empfunden wurde. Auf der eingezäunten, verwahrlosten Brache stand nämlich die wild überwucherte, ausgehöhlte Ruine eines gründerzeitlichen Monumentalbaus. Es handelte sich dabei um die Überreste eines Grandhotels, welches vor mehr als 150 Jahren auf dem Gelände eines 1848 aufgelassenen Klosters entstanden war. Ursprünglich als Minoritenkloster errichtet, waren dessen Gebäude später von den Padri Reformati übernommen worden, die 1848 den Verkauf einleiteten. Das als Hotel Du Parc erbaute und später in Grand Hotel Palace umbenannte Hotel, das sensibel zwischen einem hangseitigen Park im Westen und dem Seeufer im Osten eingefügt war, unterstrich über viele Jahrzehnte hinweg den Anspruch Luganos als luxuriöser Ferienort und bedeutender Finanzplatz. Es lag unmittelbar neben der ehemaligen, bis heute erhaltenen Kirche Santa Maria degli Angioli, deren Bau aus dem Jahr 1499 stammt. Hinter ihrer unscheinbaren Fassade verbergen sich im Inneren meisterhafte Fresken des Leonardo-Schülers Bernardino Luini. Führungen zu diesen ebenso wertvollen wie berühmten Fresken zählen noch heute zum Pflichtprogramm eines jeden touristischen Stadtrundgangs.

Das benachbarte Grandhotel wurde in den Jahren 1851 bis 1855 auf dem bereits erwähnten Klosterareal errichtet, welches die Gebrüder Giacomo und Filippo Ciani erworben hatten. Architekt des noblen, im Stil des Mailänder Klassizismus errichteten Baus war Luigi Clerichetti. Die Gebrüder Ciani waren gleichzeitig Bauherren und Eigentümer des neuen Hotels. Anfänglich unter der Leitung des renommierten deutschen Hotelmanagers Alexander Béha stehend, entwickelte sich das neue Haus rasch zu einem Vorzeigeprojekt des internationalen Luxustourismus. Dabei profitierte es natürlich auch von der Anlage der neuen öffentlichen Seepromenade vis-à-vis des Hotels, der Einführung der Stadtbeleuchtung, der 1882 eröffneten Gotthard-Eisenbahnlinie sowie einer Straßenbahntrasse mit direktem Haltepunkt vor dem Hauptportal. Alexander Béha verstand es, binnen kurzer Zeit prominente Gäste wie die Kaiserin Elisabeth von Österreich, den Großherzog von Baden oder den Reiseexperten Thomas Cook dauerhaft an das Haus zu binden. Bereits vor Béhas Tod im Jahr 1901 wurde das Hotel dann von der Ciani-Familie an den Hotelkettenbesitzer Franz Josef Bucher-Durrer weiterverkauft. Der neue Eigentümer beauftragte den Luzerner Hotelarchitekten Emil Vogt-Kuhn mit einer zweigeschossigen Aufstockung des Altbaus und nannte das Hotel von nun an Grand Hotel Palace. Durch die Aufstockung wurden die Fenster der linken Innenwand von Santa Maria degli Angioli verdunkelt, weshalb der Kanton Tessin bis 1937 einen langen Prozeß gegen den Hoteleigner führte. Auch die Reste des alten Kreuzgangs aus der Renaissance gerieten in Mitleidenschaft. Während der westliche Klostertrakt erhalten werden konnte, gingen die östlichen und nördlichen Partien in der Hotelerweiterung bzw. Aufstockung auf.

1939 ging das Hotel zu einem Preis von knapp zwei Millionen Franken an Max Brugger über. Nach dessen Tod im Jahr 1961 versuchte die Bruggersche Erbengemeinschaft, das Grand Hotel Palace noch vier Jahre lang weiterzuführen. Obwohl der ägyptische König Faruk sich das Haus als dauerhaftes Feriendomizil auserkoren hatte, mußte der Hotelbetrieb 1965 mangels Wirtschaftlichkeit und wegen fehlender Investitionsmittel eingestellt werden. So blieb das Hotel von diesem Zeitpunkt an dauerhaft geschlossen, seine Bausubstanz sich selbst überlassen. 1980 wurde der leerstehende Komplex für 12,6 Millionen Franken an einen Unternehmer versteigert, dessen Bauanträge die Stadt in der Folge wiederholt ablehnte. Wegen unbezahlter Rechnungen und hoher Gläubigerforderungen mußte dieser Unternehmer alsbald Konkurs anmelden. Danach ging der Hotelaltbau in den Folgejahren mehrfach durch die Hände finanzieller Spekulanten. Die einstige Vorzeigeadresse Luganos aber rottete weiter still vor sich hin. Mehrfach wurde in den zwischenzeitlich verbarrikadierten Altbau eingebrochen. Vandalen hinterließen im Inneren irreparable Spuren. Man munkelte, es sei ein Film in der Ruine gedreht worden. In Lugano betrachtete man das verlassene Gebäude samt dem umgebenden Areal zunehmend als Schandfleck der Stadt. Alle Initiativen zur Rettung des zunehmend ruinösen Gebäudes verliefen im Sande. Als das, was von dem ehemaligen Prachtbau übriggeblieben war, im Laufe des Jahres 1993 auch noch zweimal in Flammen aufging und zusammenfiel, bis nur noch zwei Hauptfassaden stehenblieben, schien die Löschung des ehemaligen Hotels aus dem Panorama der Uferpromenade definitiv besiegelt. 1993 kaufte die Crédit Suisse die Ruine für 54 Millionen Franken aus einem Konkursverfahren. Nur ein Jahr später erwarb die Stadt Lugano die verkohlten Reste für 30 Millionen Franken, um die stehengeblieben Fassaden des Grandhotels abzubrechen und an gleicher Stelle die »Grands Jeux«, also ein neues Spielkasino, zu errichten. Eine Petition bzw. Volksabstimmung, welche das Grandhotel als Erinnerung an die große touristische Vergangenheit Luganos wieder hergestellt sehen wollte, wußte dies jedoch erfolgreich zu verhindern. Zudem erschwerten verschärfte Auflagen des Bundes den Bau eines Kasinos an dieser Stelle.

Nach einem politischen Paradigmenwechsel sollte das Jahr 2000 schließlich zu einer Art Schicksalsjahr werden. Denn unter der Federführung von Bürgermeister Giorgio Giudici rang sich die Stadt Lugano nach langen, kontrovers geführten Diskussionen nunmehr dazu durch, das problematische Gebiet, sprich das Gelände von Kirche, restlichen Klostergebäuden und Kreuzgang sowie das Territorium des vormaligen Hotels nebst unmittelbar angrenzenden Flächen, einer städtebaulichen Neuordnung zu unterziehen. Dabei kam dieser topographischen Schnittstelle zwischen dem Rand der Altstadt und der ersten historischen Stadterweiterung größte Bedeutung zu. Ziel der Um- und Neugestaltung sollte es sein, an diesem Standort und unter Einbeziehung aller historischen Spuren so etwas wie ein neues Stadt-Entree in Gestalt eines repräsentativen Kunst- und Kulturzentrums als Ausgangspunkt für eine künftigen Kulturmeile zu errichten. Stadt, Kanton und letztendlich auch der Bund waren sich dabei sehr wohl bewußt,

1, 2. Das Grand Hotel Palace Lugano in zeitgenössischen Aufnahmen. Bild 1 wurde um 1900 aufgenommen, Bild 2 entstand 1928.
3. Das ehemalige Grand Hotel Palace Lugano im Jahr 1990. (Photo: Città di Lugano.)

1, 2. The Grand Hotel Palace Lugano in contemporary photographs. Picture 1 was taken around 1900, picture 2 is from 1928.
3. The former Grand Hotel Palace Lugano in 1990. (Photo: Città di Lugano.)

Frank R. Werner

## Risen from ruins – Ivano Gianola's new art and cultural centre in Lugano

Coming from the south on the express way one normally takes the exit Lugano South, drives through the Paradiso suburb and continues on the lakeside street Riva Antonio Caccia to the town centre. Having passed the more or less trivial lakefront architecture of hotels or office and residential buildings that date mostly from the second half of the 20th century, one reached up to the year 2000 an enchanted looking area on the left side. It was considered an eyesore in Lugano. On a fenced derelict site stood the hollow ruin of a monumental Gründerzeit building covered by rampant overgrowth. It was the remains of a Grand Hotel having been built more than 150 years before on the terrain of a monastery that was closed down in 1848. Originally built as a Minorite's abbey, the monastery was acquired by the Padri Reformati, who arranged its sale in 1848. Initially called the Hotel Du Parc it was later renamed Grand Hotel Palace. Delicately positioned between a hillside park to the west and the lakeshore to the east, it demonstrated for many decades Lugano's claim as luxurious resort and important financial centre. It was located next to the still existing Santa Maria degli Angioli Church, dating from 1499. Hidden behind its simple façade are inside the masterly frescoes by Leonardo's disciple Bernardino Luini. A guided visit to these valuable and famous frescoes is a must in any touristic program.

The adjacent Grand Hotel was built from 1851 to 1855 on the mentioned monastery grounds that had been acquired by the brothers Giacomo and Filippo Ciani. The architect of the noble Milanese-Classicistic building was Luigi Clerichetti. The Ciani brothers were builder-owners of the new hotel. In the beginning under the direction of the renowned German hotel manager Alexander Béha, the new establishment quickly developed into a prime example of international luxury tourism. Naturally, it profited from the creation of a public lakeside promenade in front of the hotel, the introduction of electrical street lighting, the opening of the Gotthard train line in 1882 and a tramline with a stop directly at the hotel's main entrance. Alexander Béha succeeded quickly to bring repeatedly prominent guests such as Empress Elisabeth of Austria, the Grand Duke of Baden or the travel expert Thomas Cook to the hotel. Before Béha's death in 1901 the Ciani family sold the property to the hotel-chain owner Franz Josef Bucher-Durrer. The new owner commissioned the hotel architect Emil Vogt-Kuhn from Lucerne to add two floors to the old building, now calling the hotel the Grand Hotel Palace. The increased height darkened the left-side windows of Santa Maria degli Angioli, causing until 1937 a long lawsuit against the owner by the Canton of Ticino. Also the remains of an old Renaissance cloister were damaged. While the west wing of the monastery was saved, the eastern and northern parts vanished under the hotel's enlargement.

In 1939 the hotel passed on to Max Brugger for nearly two million Francs. After his death in 1961 Brugger's community of heirs tried to continue the Grand Hotel Palace for four more years. Although the Egyptian King Farouk had chosen the hotel as permanent vacation home, its operation had to be terminated in 1965 due to lack of viability and funds. Since then the hotel was closed, its fabric left unattended. In 1980 the empty complex was auctioned off for 12.6 million Francs to a contractor whose building applications were repeatedly turned down by the municipality. Soon the contractor claimed insolvency due to unpaid bills and creditor claims. In the following years the property passed through the hands of several speculators, Lugano's erstwhile prize site rotted on. Several times the barricaded building was burglarized, vandals left irreparable damage. The shooting of a film was rumored to have taken place in the ruin. Increasingly Lugano regarded the whole site a public blemish, all initiatives of finding a solution led to nothing. During the year 1993 the remains of the former palace burnt two times, leaving only two main façades. The removal of the ruins seemed unavoidable and in the same year Crédit Suisse bought the property for 54 million Francs under liquidation proceedings. Only a year later the City of Lugano bought the charred place for 30 million Francs to clear the site and build instead a new casino called »Grands Jeux«. A popular petition wishing to rebuild the Grand Hotel as a memorial to Lugano's touristic past impeded the project. In addition, increased federal stipulations hindered the construction of a casino at this location.

A political change of paradigms turned the year 2000 into a fateful date. After protracted and controversial debates the City of Lugano agreed under the auspices of mayor Giorgio Giudici to develop a comprehensive new town plan for the entire area, comprising the properties of church, monastery and hotel as well as some adjacent areas. Being located at the interface between the old town and its first extension was of great significance. The aim was to achieve a new arrival point by creating a art and cultural centre that includes the historical landmarks and serves as beginning of a future cultural mile. City, Canton and Swiss Federation were fully aware that the new art and cultural centre, succinctly called LAC, would be the most costly building project in southern Switzerland in recent history.

To meet this target an international two-stage competition was launched in the year 2000. 122 architects from all over the world participated. Their task was to design a cultural forum with museum, art gallery, sculpture garden, theatre and concert hall, congress facilities, restaurants, shops and residences, while preserving classified remains of hotel, cloister and church. Among the participants were offices accustomed to success such as David Chipperfield, Dominique Perrault, Mario Bellini, Jan Kleihues and many other star architects. In 2001 a jury selected fifteen projects for the second stage. Following the second stage the top-class jury under Mario Botta awarded prices to four projects, prepared by Ticino architects Tita Carloni, Ivano Gianola, Michele Arnaboldi and Sebastiano Gibilisco. At the same time the jury prescribed the reworking of the four projects in a third stage.

In 2001 Roman Hollenstein, the well known architecture critic of the *Neue Zürcher Zeitung,* appreciated the projects designated by the jury for further development, because »they responded most closely to the historical location and the delicate urban situation at the lake«. At the same time he strongly mocked the many abstruse proposals offered by mostly foreign architects for the design of the southern entry to the

daß das neue Kunst- und Kulturzentrum, kurz und bündig LAC genannt, das größte und aufwendigste Bauvorhaben sein würde, das die Südschweiz in ihrer jüngeren Geschichte je geschultert hatte.

Zur Erreichung dieses Ziels wurde im Jahr 2000 ein zweistufiger internationaler Wettbewerb ausgelobt, an welchem sich 122 Architekten aus aller Welt beteiligten. Ihre Aufgabe bestand darin, zwischen den denkmalgeschützten Hotelkulissen, dem Renaissancekreuzgang, der Kirche und dem angrenzenden Höhenpark ein Kulturforum mit Museum, Kunsthalle, Skulpturengarten, Theater- und Konzertsaal, Kongreßräumen, Restaurants, Läden und Wohnbauten zu konzipieren. Unter den Teilnehmern waren so erfolgsverwöhnte Büros wie das von David Chipperfield, Dominique Perrault, Mario Bellini, Jan Kleihues und vieler anderer sogenannter »Stararchitekten«. Fünfzehn Projekte wurden im Jahr 2001 von der Jury für eine zweite Wettbewerbsstufe ausgewählt. Das hochkarätig besetzte Preisgericht unter Vorsitz von Mario Botta prämiierte zum Abschluß dieses zweiten Verfahrens vier Projekte, verfaßt von den Tessiner Architekten Tita Carloni, Ivano Gianola, Michele Arnaboldi und Sebastiano Gibilisco. Gleichzeitig entschied die Jury jedoch, alle vier prämiierten Entwürfe in einer dritten Stufe gemeinsam oder einzeln nochmals überarbeiten zu lassen.

Roman Hollenstein, der renommierte Architekturkritiker der *Neuen Zürcher Zeitung*, würdigte im Jahr 2001 im Feuilleton der *NZZ* die von der Jury zur Weiterbearbeitung empfohlenen Entwürfe, weil »sie am sorgfältigsten auf den historischen Ort und die städtebaulich empfindliche Lage am See eingegangen« seien. Gleichzeitig mokierte er sich heftig über die vielen abstrusen Visionen, die vor allem von ausländische Architekten zur Um- und Neugestaltung des südlichen Entrees zum »Centro storico« vorgestellt worden seien. Viele von ihnen hätten die Hotelreste »zum Bühnenbild oder zur potemkinschen Fassade degradiert, was einer endgültigen Zerstörung gleichkäme«. Unterschwellig übte Holleinstein aber auch Kritik an den Auslobern, »die vielleicht zu viel auf dem historischen Gelände unterbringen wollten«. Letztlich distanzierte sich Hollenstein sogar von den Tessiner Beiträgen, indem er die Auffassung vertrat, daß »die prominente Lage an der Bucht von Lugano entschieden nach einem genialen Entwurf à la Utzon in Sydney, Nouvel in Luzern oder Gehry in Bilbao« verlange. Aufschlußreich erscheint aus heutiger Sicht vor allem Hollensteins damaliges Resümee: »Nun müssen sich die vier Sieger auf Wunsch von Stadt und Jury zu einer gemeinsamen Lösung zusammenraufen. Es wäre jedoch durchaus zu erwägen, die Restaurierung und Erneuerung des ›Palace‹ direkt Carloni zu übergeben, die Wohnbebauung am Hang unter allen vier Beteiligten (Anm.: den anderen Tessiner Preisträgern) ausmachen zu lassen und für das Theater, das ... zu einem prägnanten Bau werden könnte, einen kleinen Wettbewerb unter den Siegern und einigen gezielt geladenen Architekten (etwa Ben van Berkel, Zaha Hadid, Steven Holl oder Peter Zumthor) auszuschreiben. So bestünde die Chance, daß neben dem ›Palace‹ als erstrangigem Zeugen der Baukultur des 19. Jahrhunderts ein ins 21. Jahrhundert weisendes Gebäude entstehen könnte.« Aus heutiger Perspektive läßt die Erwähnung der zuletzt genannten Protagonisten dem Betrachter freilich einen leichten Schauder über den Rücken laufen eingedenk der Vorstellung, was hier an diesem empfindlichen Ort vielleicht hätte entstehen können.

Doch glücklicherweise ließ sich die Jury von gut gemeinten Ratschlägen dieser Art nicht irritieren. Einstimmig empfahl sie der Stadt Lugano im Juni 2002 den überarbeiteten Entwurf von Gianola zur Ausführung. Was die Jury an diesem Entwurf so überzeugt hatte, war vor allem die stupende Logik der städtebaulichen Reorganisation. Auf die ihm eigene Art hatte Gianola es nämlich verstanden, den vorgefundenen »Nicht-Ort«, die hypertrophen Ansprüche an das Gelände, das hybride Konglomerat avisierter Neubauten, denkmalpflegerische Projektionen und die Erwartung einer repräsentativen Vorzeigarchitektur auf vorbildliche Weise gänzlich unangestrengt zur Deckung zu bringen.

Hinter dem stehengebliebenen Fassadenwinkel des Grandhotels schlug er einen relativ schmalen, winkelförmigen Baukörper vor, der Läden, Büros und Luxuswohnungen aufnehmen sollte. Gianolas Entwurf sah zudem vor, der historischen Bebauung um den behutsam restaurierten und ergänzten Kreuzgang einen kontemplativen Klosterhof zurückzugeben. Daran anschließend schlug er zwischen ehemaliger Klausur und Theater- und Konzertsaaltrakt einen weiteren stillen Innenhof vor. Gleichsam als Rückgrat des ganzen Ensembles plazierte er die langgestreckte Kubatur von Eingangshalle sowie Theater- und Konzertsaaltrakt unmittelbar am Fuß des steil aufsteigenden Hangs. Rechtwinklig zu diesem langen Riegel positionierte er einen markanten, zum See hin spitz auslaufenden Baukörper für die musealen Nutzungen. Somit entstand zwischen den alten gründerzeitlichen Fassaden des ehemaligen Grandhotels und der in Richtung See weisenden Museumsspitze eine große quadratische Piazza, die wie eine zum See hin offene Bühne wirkt. Die Rückseite der Piazza wird von der monumentalen »Glasvitrine« der haushohen Eingangshalle eingenommen, welche alle Bauteile und Nutzungen des heterogenen Ensembles sinnfällig miteinander verbindet. Gianola wünschte sich, das Thema der Piazza als urbane Aktionsfläche in der Eingangsebene der Halle aufzugreifen und binnenräumlich in Richtung der oberen Geschosse weiterzuentwickeln. Darüber hinaus schlug Gianolas Entwurf vor, die verkehrsberuhigte Uferstraße Riva Antonio Caccia unmittelbar an die neu geschaffene Piazza heranzuführen, um dadurch der Parkfläche zwischen Museum und Seeufer zusätzlichen Raum zu verschaffen. Ein neu angelegter Kreisverkehr sollte den von Süden kommenden Verkehrsfluß entschleunigen und den Autoinsassen einen ersten Blick auf die verheißungsvolle Südansicht des neuen Ensembles ermöglichen. Von dem neuen Kreisverkehr aus sollte auch eine direkte Einfahrt in die neue Tiefgarage unter dem Kunst- und Kulturzentrum möglich sein.

Die einzelnen Bestandteile dieses Konzepts, das die Jury im Jahr 2002 so beeindruckt hatte, konnten nach Erteilung des Planungsauftrags ohne wesentliche Abstriche bis zur Baureife weiterentwickelt werden. Der Gebäudetrakt mit den vorgeblendeten historischen Hotelfassaden wurde auf der Grundlage des Gianola-Konzepts an andere Architekten vergeben, ebenso wie die konservatorische Reorganisation der Bebauung über dem alten Kreuzgang. Gianola wurde von der Stadt zum federführenden Architekten für alle Bauteile und Gewerke ernannt, die den Bau des LAC betrafen. Dabei wünschte die Stadt aber vor allem, daß sich der von Gianola konzipierte Neubau und die von den anderen Architekten verantworteten Bauabschnitte zu einer kleinen homogenen Stadt-in-der-Stadt zusammenfügen sollten, durchlässig, mit hoher Aufenthaltsqualität und

4, 5. LAC Lugano Arte e Cultura. Wettbewerbsentwurf von Ivano Gianola. Computer-Animationen.

4, 5. LAC Luganio Arte e Cultura. Competition design by Ivano Gianola. Computer animations.

»Centro storico«. Many of them had the remains of the hotel reduced to »a stage set or a Potemkin façade, leading to their final destruction«. It also was a slight critique of the program, »which probably wanted to include too much on the historical site«. Finally, Hollenstein was even skeptical about the local contributions, considering that »the prominent situation on the Bay of Lugano calls for a brilliant design à la Utzon in Sydney, Nouvel in Lucerne or Gehry in Bilbao«. Revealing in today's view is Hollenstein's résumé: »Following the wish of city and jury the four victors have to concoct a joint solution. However, one could give the restoration and renewal of the ›Palace‹ directly to Carloni, let the four (local) winners deal with the residential buildings on the hillside and arrange a small competition among the winners and a few specific architects (say Ben van Berkel, Zaha Hadid, Steven Holl or Peter Zumthor) for the theatre project, which should become a landmark. This would mean the chance that next to the ›Palace‹ as symbol of 19th-century building culture could rise a building representing the 21th century.« Today the protagonists at the end of the list give a shudder to the reader who contemplates what could have happened on this sensitive site.

Fortunately, the jury was not influenced by well-meaning suggestions of this kind. In June 2002 it unanimously recommended to the City of Lugano the revised project of Gianola for execution. The jury was convinced above all by the stupendous logic of the urban reorganization of the project. In his very own way Gianola succeeded in squaring off the excessive site requirements with the hybrid conglomerate of new construction, the demands of heritage conservation and the grand-effect expectations in an exemplary and relaxed fashion.

He proposed behind the remaining corner of the Grand Hotel a relatively small angular mass containing shops, offices and luxury apartments. Furthermore, Gianola's design added a contemplative courtyard to the carefully restored and completed cloister. Next to it between cloister and theatre and concert-hall section he proposed another quiet court. Quasi as backbone of the whole ensemble he placed the elongated block of entrance hall and theatre and concert hall directly at the base of the rising hill. To further serve the museum he placed at right angle to that long mass a striking volume, pointed towards the lake. Thereby he created between the venerable Gründerzeit hotel façades and the pointed museum wing in direction of the lake a large square piazza, which looks like a stage opening to the lake. At the back of the piazza is the monumental glass front of the full-height entrance hall, connecting all building parts of this heterogeneous ensemble in a meaningful way. Gianola wished to enlarge the piazza theme as an urban action space from the entrance level to the upper floors. Furthermore Gianola's design proposed to bring the calmed lakeside street Riva Antonio Caccia to the new piazza, creating additional parking between museum and lake. A new traffic circle should slow down the traffic from the south and give the passengers a first glimpse of the inviting southside view of the new buildings. The traffic circle should also give access to the new garage below the cultural art centre.

After the go-ahead for the concept, which had so impressed the jury in 2002, the various parts were developed ready for construction without major changes. The building wing behind the historical hotel façades and the conservational reorganization above the old cloister were given to other architects on the basis of the Gianola concept. The city appointed Gianola as chief architect for all construction related to LAC. Above all, the city wished that the whole project from Gianola's part to the other architects' work should merge into a homogenous town-in-town, permeable and invitingly open to everybody. Gianola also had advisory status for the area of the historical cloister. Construction was begun in August 2006 and in spring 2015 LAC was ready for non-public test operation.

At least now we have to talk about the person and work of the LAC originator. Whenever we talk about the second generation of architects in Ticino after 1945, the names of Aurelio Galfetti, Luigi Snozzi, Livio Vacchini, Mario Botta and of course the youngest of this generation, Ivano Gianola, come to mind. Born 1944 in Biasca, Gianola completed in the early 1960s his training as draftsman. Already in 1966 he opened offices in Riva San Vitale and later in Mendrisio. In the 1970s he was assistant at the ETH Zurich (among others of Luigi Snozzi and Livio Vacchini), followed by positions as visiting professor in Geneva, Syracuse (N.Y.), Nancy, Vico Morcote, Strasburg and Zurich.

Gianola merits special attention, not because his work is less known than that of other Ticino architects, but because Gianola succeeded to develop a wholly unbiased architectural language, so-to-say in the shadow zone of the long gone media hype regarding the so-called »Ticino School«. It is a very personal style, rather quiet and hardly surpassed in power of imagination or artisanal precision. Thus he gained much international recognition far beyond the borders of Switzerland. Very early on Gianola took an autonomous path, giving not only residential architecture important impulses in Ticino and beyond, but leading today to his truly exceptional position in Ticino architecture. Gianola never followed the sculptural symbolism of Mario Botta, or the didactic rigor of Luigi Snozzi, or the intellectual neo-Historicism of the Team Reichlin and Reinhart. Above all he found in the 1970s his individual style, free from self-imposed ambitions of any kind. In the beginning it had a clear relationship to the contemporary »arte povera«. At that time he did not hesitate to build for clients with minimal budgets, concentrating on turning each low-budget project with simplest means into something significant. Like it or not, those houses looked totally different from project to project. His design repertoire was not characterized by programmatic reduction to serial typologies, it rather exhibited an initially ridiculed but now considered highly stimulating »small step policy«. In Gianola's buildings base courses, plaster joints, window jambs, local methods, materials and colors, sun exposure and openings towards nature generally play a greater role than extravagant typologies or patterns. For him all building materials are equally worthy, whether they are rendered masonry, stucco lustro, fair-faced concrete, terrazzo, natural stone, brickwork or wood. The uninhibited combination of these materials consequently lead in- and outside to tectonic variations, the aims and effects of which do not give

offen für jedermann. Zudem erhielt Gianola beratende Funktion für jene Planungen, die das Areal des historischen Kreuzgangs betrafen. Im August des Jahres 2006 wurde mit den ersten bauvorbereitenden Maßnahmen begonnen, im Frühjahr 2015 war das LAC soweit fertiggestellt, daß es für den nichtöffentlichen Probebetrieb übergeben werden konnte.

Spätestens an dieser Stelle scheinen einige Anmerkungen zur Person und zum Werk des LAC-Urhebers angebracht. Immer dann, wenn von der zweiten Tessiner Architektengeneration nach 1945 die Rede ist, fallen fast zwangsläufig Namen wie Aurelio Galfetti, Luigi Snozzi, Livio Vacchini, Mario Botta und natürlich auch der Name des seinerzeit jüngsten Vertreters dieser Generation: Ivano Gianola. 1944 in Biasca geboren, hat Gianola Anfang der 1960er Jahre eine Ausbildung zum Bauzeichner absolviert und sich bereits 1966 selbständig gemacht mit Büros in Riva San Vitale und später in Mendrisio. In den 1970er Jahren war er Assistent (u.a. bei Luigi Snozzi und Livio Vacchini) an der ETH Zürich, gefolgt von Gastprofessuren in Genf, Syracuse (N. Y.), Nancy, Vico Morcote, Straßburg und Zürich.

Gianola verdient besondere Betrachtung; nicht etwa weil sein Werk weniger geläufig wäre als das anderer Tessiner Architekten, sondern weil es Gianola gelungen ist, gleichsam im Windschatten des längst vergangenen Medienrummels um die sogenannte »Tessiner Schule« eine ganz eigene, eher stille, gänzlich unvoreingenommene Architektursprache zu entwickeln, welche an Imaginationskraft und handwerklicher Präzision kaum zu übertreffen sein dürfte, was ihm denn auch weit über die schweizerischen Landesgrenzen hinaus ein hohes Maß an internationaler Wertschätzung eingetragen hat. Schon sehr früh beschritt Gianola, von dem nicht nur die Tessiner Wohnhausarchitektur maßgebliche Impulse beziehen sollte, einen ganz eigenständigen Weg, weshalb er im Tessiner Architekturgeschehen bis heute eine wirkliche Sonderstellung einnimmt. Gianola hat nie die skulpturale Zeichenhaftigkeit eines Mario Botta, nie die didaktische Rigorosität eines Luigi Snozzi oder den intellektuellen Neo-Historismus des Teams Reichlin und Reinhart verfolgt. Frei von selbst auferlegten Ambitionen dieser Art, fand er vor allem in den 1970er Jahren zu einer ganz eigenständigen Bauweise, die anfänglich deutliche Bezüge zur »arte povera« der zeitgenössischen Kunst aufwies. In jenen Jahren scheute er sich nicht, selbst für Bauherren mit minimalen Budgets zu bauen, und konzentrierte seine ganze Kraft darauf, das jeweilige Low-Budget-Projekt mit einfachsten Mitteln dennoch auf höchst prägnante Weise auszuschöpfen. Nolens volens sahen die dabei entstandenen Wohnhäuser von Projekt zu Projekt grundverschieden aus. Sein Entwurfsrepertoire zeichnete sich denn auch weniger durch programmatische Reduktion serieller Typologien aus als vielmehr durch eine anfänglich oft belächelte, inzwischen freilich als außerordentlich stimulierend bewertete »Politik der kleinen Schritte«. So spielen bei Gianolas Bauten Sockelzonen, Putzfugen, Fensterlaibungen, lokale Materialtechniken und Farbmuster, Sonnenstände und Öffnungen zur Natur häufig eine bedeutendere Rolle als extravagante Typologien oder Formen. Für ihn sind alle Baumaterialien gleich wertvoll, ungeachtet dessen, ob es sich um verputztes Mauerwerk, Stuccolustro, Sichtbeton, Betonkunststein, Naturstein, Ziegelsichtmauerwerk oder Holz handelt. Die unvoreingenommene Kombination dieser Materialien mündet freilich innen wie außen in eine tektonische Variationsbreite, deren Absichten und Wirkungen weniger auf spektakuläre Adhoc-Effekte abzielen, sondern in bester Tessiner Tradition erst kontemplativ erfahrbar werden.

Bis heute ist Gianola, der seine autodidaktische Ausbildung (unter den frühen Tessiner Protagonisten nichts Ungewöhnliches) und sein Faible für alles Handwerkliche weniger als Makel denn als Auszeichnung betrachtet, bekannt für sein unorthodoxes Herangehen an jede Bauaufgabe. Vorgefaßte Formvorstellungen sind ihm absolut fremd. Das hat ihn zu einem von jeglichen Modeerscheinungen unabhängigen, ja vielleicht sogar dem eigenständigsten Architekten der Tessiner Szene gemacht, dem man anfänglich »Low-Budget-Projekte« und »Problemfälle«, bald jedoch schon regelrechte Vor-

6. Ivano Gianola, Haus in Cugnasco, Tessin, 1970/71. (Photo: Daniel Legieurlier.)
7. Ivano Gianola, Kindergarten in Balerna, Tessin, 1971 bis 1974. (Photo: Alo Zanetta.)

6. Ivano Gianola, house in Cugnasco, Ticino, 1970/71. (Photo: Daniel Legieurlier.)
7. Ivano Gianola, nursery school in Balerna, Ticino, 1971–74. (Photo: Alo Zanetta.)

spectacular ad-hoc results, but can be appreciated by contemplation in best Ticino tradition.

Gianola considers his self-taught formation (nothing exceptional among the early Ticino protagonists) and his liking of skilled workmanship a distinction rather than a flaw. He is known for his unorthodox approach to every project – preconceived formal concepts are foreign to him. This way he probably became the most singular architect in Ticino, free from any modernist trend. Early on he was given »low-budget projects« or »problem cases«, but soon he was entrusted with prestigious buildings and urban projects of big scope.

It was a long way from Gianola's first emblematic house, the Casa Viggiano on the northern slope above Cugnasco (1971), the kindergarten in Balerna (1974), distinctive dwellings in Rancate, Vacallo or Castel San Pietro, up to larger public buildings in Mendrisio, Coldrerio or Biasca. In the 1980s Gianola's knack to turn even unrealizable ideas of his clients into custom-made looking accommodations and housings procured his first foreign commissions.

One of his biggest challenges, or rather a quantum leap in Gianola's œuvre, was his engagement in the mid-1990s for modifications of and additions to the Schäffler and Maffei complex in the historical centre of Munich. Up to then Gianola only rarely had larger public commissions, let alone was personally invited to an international competition. Precursor of this project was an international competition initiated by the HypoVereinsbank for the replanning of a very large inner city area near the Frauenkirche. It was won in 1994 by Herzog & de Meuron, a Swiss team of architects. They proposed a memorable network of alleys and courts, connecting and opening up the freely distributed buildings between Maffei-, Salvator-, Kardinal-Faulhaber- and Theatinerstraße. Following protests against the proposed demolition of historical buildings, Herzog & de Meuron in 1998 produced a revised concept, retaining 60 % of the existing buildings and adding 40 % new construction. For the execution planning they included Hilmer & Sattler and Ivano Gianola.

Already before this prestigious inclusion in the circle of internationally known architects, Gianola won in Munich another international competition launched by the Bayerische Vereinsbank. It not only concerned modifications of the Maffeihof and a banking hall of the HypoVereinsbank but also aimed at a restructuring of the Schäfflerhof with an additional block between Schäffler-, Windenmacher-, Maffei- and Theatinerstraße.

Again it was the meticulous, even scientific research into the city's anatomy and archaeology that produced a history-based net of coordinates, which guides the later space and mass development. For the future, Gianola deemed the definition and strengthening of a historic topography more important than a »trendy« firework of design effects. Along this line he introduced a tall massive wall of exposed brick masonry with deeply cut openings to mark the course of the old city wall next to the Frauenkirche. The corner of Windenmacher- and Schäfflerstraße appears like a wave-breaker. In Maffeistraße the brickwork is limited to the ground floors with informal plastered walls above. The traditional ground floor arcades with gentle basket arches are an urban improvement. They condense the streetscape, making it again attractive for pedestrians, and from there opens the generous entrance to the Schäfflerhof within the complex. Like in a cinematic cut the observer is suddenly confronted by a different architecture. A seemingly suspended concrete wedge containing a restaurant divides the paved space of the inner court that receives three passages, into two parts. This wedge eliminates all historical connotations. Self-assured it points out that a wholly new urban situation has been created,

zeigeprojekte und städtebauliche Realisierungen größeren oder größten Zuschnitts anvertraut hat.

Es war ein langer Weg von Gianolas erstem emblematischen Haus, der Casa Viggiano am Nordhang oberhalb von Cugnasco (1971) über den Kindergarten in Balerna (1974), unverwechselbare Wohnhäuser in Rancate, Vacallo, oder Castel San Pietro bis hin zu größeren öffentlichen Bauten in Mendrisio, Coldrerio oder Biasca. Gianolas unnachahmliche Art, selbst eigentlich unerfüllbare Vorstellungen seiner Bauherren in unwiederholbare, stets wie maßgeschneidert wirkende Behausungen und Gehäuse zu überführen, brachten ihm in den 1980er Jahren des vergangenen Jahrhunderts schließlich auch erste Auslandsaufträge ein.

Eine der bis dahin größten Herausforderungen, ja sogar einen regelrechten Quantensprung sollte Gianolas Œuvre erleben, als er, der bis dahin noch nur selten größere öffentliche Aufträge, geschweige denn eine persönliche Einladung zu einem internationalen Wettbewerb erhalten hatte, mitten in den 1990er Jahren zum Um- bzw. Neubau des Schäffler- und Maffeihofs im historischen Zentrum der Stadt München verpflichtet wurde. Vorstufe dieses Projektes war ein von der fusionierten HypoVereinsbank initiierter internationaler Wettbewerb um die Neuordnung eines außerordentlich weitläufigen innerstädtischen Areals nahe der Frauenkirche, den das Schweizer Architektenteam Herzog & de Meuron 1994 für sich entscheiden konnte. Es schlug ein einprägsames Netz von Gassen und Höfen vor, das die neu geordneten, frei gestellten Einzelblöcke zwischen Maffei-, Salvator-, Kardinal-Faulhaber- und Theatinerstraße aushöhlen und durchziehen sollte. Nach Protesten gegen die dabei vorgesehenen Abbrüche historischer Bauten legten Herzog & de Meuron 1998 ein verändertes Konzept der »Fünf Höfe« vor, welches nunmehr auf 60 % Bestandserhaltung und 40 % Neubauten abzielte und die Architekten Hilmer & Sattler sowie Ivano Gianola in die Ausführungsplanung einbezog.

Aber bereits vor dieser prestigeträchtigen Aufnahme in den Kreis international renommierter Architekten hatte Gianola gleichfalls in München einen weiteren, noch von der damaligen Bayerischen Vereinsbank ausgelobten, internationalen Wettbewerb gewonnen. Dieser beinhaltete nicht nur Um- und Neubaumaßnahmen am Maffeihof nebst Kundenhalle der HypoVereinsbank, sondern sah auch die Neustrukturierung des Schäfflerhofs, also eines zusätzlichen Blocks zwischen Schäffler-, Windenmacher-, Maffei- und Theatinerstraße vor.

Und wieder waren es akribische, ja fast wissenschaftliche Recherchen zur Anatomie bzw. Archäologie der Stadt, zur Herausarbeitung eines historisch verpflichtenden Koordinatennetzes, welche der Raum- und Formentwicklung vorausgingen. Eine Ertüchtigung der historischen Topographie für die Zukunft schien Gianola wichtiger zu sein als irgendein »trendiges« Feuerwerk gestalterischer Effekte. In diesem Sinne konzipierte er dort, wo die Schäfflerstraße in unmittelbarer Nachbarschaft zur Frauenkirche den Verlauf der alten Stadtmauer markiert, haushohe massive Gebäudekanten aus Sichtziegelmauerwerk mit streng rational und tief eingeschnittenen Öffnungen. Wobei die Ecke Windenmacher- und Schäfflerstraße gar wie ein Wellenbrecher wirkt. In der Maffeistraße hingegen besteht nur noch die Erdgeschoßzone des Schäfflerblocks aus Ziegelmauerwerk. Darüber erheben sich eher informelle Putzfassaden. Städtebaulicher Zugewinn sind hier aber vor allem die alten Vorbildern entlehnten Erdgeschoßarkaden mit ihren sanften Korbbögen. Sie verengen den Straßenraum, machen ihn für Passanten wieder attraktiv, und von ihnen aus eröffnet sich der großzügigste von allen Zugängen zum Schäfflerhof im Inneren des Blocks. Wie in einem filmischen Cut wird der Betrachter dort mit einer ganz anderen Architektursprache konfrontiert. Ein scheinbar schwebender Betonkeil, in welchem ein Restaurant logiert, teilt die hart gepflasterte Fläche des Innenhofs, auf den drei Passagen zulaufen, in zwei annähernd gleiche Abschnitte. Dieser Betonkeil dekonstruiert alle historischen Konnotationen. Selbstbewußt verweist er statt dessen auf die Tatsache, daß hier anstelle eines ehemals privat genutzten, kleinteilig parzellierten Hinterhofareals nicht etwa eine andere Art von Restfläche, sondern ein gänzlich neuer urbaner Raum mit entsprechend expansivem Anspruch getreten ist.

Ganz anders hingegen die Konzeption des vis-à-vis liegenden Maffeihofs, wo filigrane sechsgeschossige Stahl-Glas-Fassaden den streng rechteckigen Maffeihof mit seinem leicht abfallenden Boden rahmen und in eine sogartige Perspektive zwingen, ehe dieser Hofabschnitt in den angrenzenden Portiahof übergeht. Linker Hand des Maffeihofs hat Gianola die große, deutlich höher liegende Kassenhalle der ehemaligen Bayrischen Hypotheken- und Wechsel-Bank nach ihrer Entkernung nicht nur an das neue Hofsystem angeschlossen, sondern zugleich in eine noble, lichtdurchflutete weiße Säulenhalle verwandelt, während die historischen Bankfassaden zur Maffeistraße hin weitgehend im Originalzustand belassen wurden. So als wären es zwei Handschriften, steht die Inszenierung von Transparenz und Leichtigkeit im Maffeihof der betonten Schwere und Massivität des Schäfflerhofs gegenüber. Dies ist freilich kein Zufall, sondern Programm. Schließlich ist Gianola der Ansicht, daß eine kluge, weil auf die Zukunft ausgerichtete Neuinterpretation stadthistorischer Brüche in jedem Falle Vorrang haben müsse vor privaten stilistischen Präferenzen des Architekten. Spätestens mit diesen großen Münchener Projekten konnte sich Gianola internationaler Anerkennung sicher sein.

Neben weiteren öffentlichen Bauprojekten im Ausland sowie einer Vielzahl privater Wohnhäuser im Tessin demonstriert vor allem die spektakuläre Terrassenhaussiedlung in Castagnola (2005) erneut Gianolas unnachahmliche Fähigkeit, profane Funktionen in regelrechte »Seelenlandschaften« zu transformieren. In Castagnola läßt sich das vor allem an der eigenen Terrassenwohnung des Architekten nachvollziehen. Höhepunkt dieser Wohnung, die nur einen Ausschnitt aus einer ganzen Terrassensiedlung darstellt, ist eine nur an dieser Stelle weit auskragende Terrasse, deren Größe ein Mehrfaches des dazugehörigen Duplexgrundrisses entspricht. Gianola hat die Terrasse wie ein Schiffsdeck mit Mahagoni beplankt und mit einem Geländer versehen, das einmal mehr die Akribie und Eleganz verdeutlicht, die er einem Bauwerk bis in dessen kleinstes Detail hinein widmet. So besteht das Geländer aus sehr schlanken, vertikalen Edelstahl-Stäben, gleichförmig rhythmisiert durch das kontinuierliche Auf und Ab niedriger und hoher Stäbe, welche lediglich durch eine einzige dünne Horizontalstrebe in Hüfthöhe miteinander verbunden sind. Diese Anordnung bewirkt, daß sich die filigrane Stabstruktur schon nach wenigen Metern Distanz optisch in Luft auflöst, sie macht sich im wahrsten Sinne des Wortes unsichtbar. Damit verliert die holzbeplankte Terrasse ihre umlaufende Begrenzung und scheint auf fast surreale Weise wie ein »fliegender Teppich« über dem grandiosen

8. Ivano Gianola, Centro Tognano, Villa di Coldrerio, Tessin, 1985–87. (Photo: Alo Zanetta.)
9. Ivano Gianola, Haus in Balerna, Tessin, 1988–91. (Photo: Alo Zanetta.)
10. Ivano Gianola, Studio des Architekten in Mendrisio, Tessin, 1993/94. (Photo: Siegfried Gragnato.)
11. Ivano Gianola, Casa alle Orsoline, Mendrisio, Tessin, 1984/85. (Photo: Alo Zanetta.)

8. Ivano Gianola, Centro Tognano, Villa di Coldrerio, Ticino, 1985–87. (Photo: Alo Zanetta.)
9. Ivano Gianola, house in Balerna, Ticino, 1988–91. (Photo: Alo Zanetta.)
10. Ivano Gianola, studio of the architect in Mendrisio, Ticino, 1993/94. (Photo: Siegfried Gragnato.)
11. Ivano Gianola, Casa alle Orsoline, Mendrisio, Ticino, 1984/85. (Photo: Alo Zanetta.)

replacing leftover spaces with private small-scale back alley buildings.

The concept of the Maffeihof facing it is totally different, six-floor filigree steel-glass walls frame the rectangular building with its slightly sloping ground, creating a perspective pull that leads this portion of the court to the adjacent Portiahof. To the left of the Maffeihof Gianola connected the large higher placed service hall of the previous Bayrische Hypotheken- und Wechsel-Bank with the new set of courtyards. He turned it into a noble light-flooded white hall of columns; while the historical façades of the bank towards Maffeistraße were left unchanged. Like two different scripts the transparency and lightness of the Maffeihof contrast with the heaviness and mass of the Schäfflerhof. This is not by chance but according to Gianola's program. He is of the opinion that a wise, future orientated interpretation of urban disruptions is more important than personal stylistic preferences of the architect. With these large projects in Munich Gianola's international reputation was assured.

Besides other public projects abroad and a great number of private residences in Ticino, the spectacular terraced housing project in Castagnola (2005) demonstrates again Gianola's matchless ability to transform profane functions into a »landscape of the soul«. In Castagnola we can see this in the architect's own terrace apartment. Highlight of this dwelling that constitutes only a fraction of the whole settlement, is a great cantilevering terrace, only here exceeding several times the related duplex plan. Gianola finished the terrace like the deck of a ship in mahogany, adding a railing that demonstrates again the attention and elegance he gives to the smallest detail. The railing consists of very slender vertical stainless steel bars placed in a rhythm of taller and lower members that are connected only at hip level with a thin horizontal bar. This arrangement causes the optical dissolution of the filigree at a short distance in thin air, making it practically invisible. This way the terrace becomes a surreal kind of »flying carpet«, hovering over the grand panorama of Lake Lugano and the surrounding mountains. We find a similar architecturally composed levitation only on the legendary sun deck of Casa Malaparte on Capri (1938–40). A section through the complex shows that Gianola's apartment in particular, perches like an eagle's nest on the mountain. The side view reveals an unforgettable silhouette, the striking profile of an audacious construction of a viewing platform, affording a natural spectacle of year-round magnificence. Charles Moore's call for simple and comprehensible »buildings for recollective places«, as a reaction to the deep pitfalls of postmodern times, found here a congenial translation in the 21st century. A significant place has assumed built form.

For Gianola LAC, the largest project in past decades in Lugano, is the biggest success of his career. After all, specifically he and nobody else among the architects en vogue in 2003 was entrusted with the planning and construction of the new art and cultural centre and its urban context on Lake Lugano. With the attendant new constructions and the difficult restructuring of one of the last prime sites along the lakeshore of the uncrowned capital of Ticino, Gianola not only acquired the biggest public commission so far – on top of it in his homeland – but secured definitely his position in Ticino.

As mentioned are all remodeled or new building parts in an area exactly on the meeting line of the historical town centre with the town's enlargements in the 19th century. The slightly ascending terrain borders to the west on a steeply rising park, to the east it is limited by the lakeside promenade of Lake Lugano. The requirements of the competition, with the long overdue proviso to remove the traces of decade long neglect, changed many times until the clients agreed to create a cultural forum with theatre and concert hall, art gallery, museum, offices and apartments, as well as a park and sculpture garden. All this had to include the careful integration of the historic remains of the monastery, the landmarked hotel façades and the old park. Today it is evident why Gianola won the competition, because nobody else succeeded in combining old and

Panorama des Luganersees und der ihn umgebenden Bergwelt zu schweben. Eine ähnlich dramatische Wirkung architektonisch inszenierten Schwebens dürfte nur noch auf dem Sonnendeck der legendären Casa Malaparte auf Capri (1938–40) anzutreffen sein. Der Schnitt durch die Gesamtanlage beweist, daß sich speziell Gianolas Wohnung wie ein Adlerhorst regelrecht in bzw. an den Berg zu krallen scheint. Die Seitenansicht offenbart denn auch eine Silhouette, die man so schnell nicht vergißt, nämlich das markante Profil einer waghalsigen, an Konstruktionen der klassische Moderne erinnernden Aussichtstribüne, die den Blick freigibt auf ein wohl zu jeder Jahreszeit grandioses Naturschauspiel. Charles Moores Ruf nach einem möglichst einfachen, sprich verständlichen »Bauen für einprägsame Orte«, welches seinerzeit den tiefen Verirrungen der Postmoderne entsprang, hat hier eine kongeniale Übertragung ins 21. Jahrhundert erlebt. Ein einprägsamer Ort hat hier baulich Gestalt angenommen.

Als umfänglichstes Projekt der vergangenen Jahrzehnte verkörpert das LAC in Lugano für Gianola den größten Erfolg seines bisherigen Schaffens. Denn schließlich wurde ausgerechnet er und kein anderer der seinerzeit hoch gehandelten Namen im Jahr 2003 mit Planung und Ausführung des neuen Kunst- und Kulturzentrums am Luganersee einschließlich der städtebaulichen Reorganisation des gesamten Umfelds beauftragt. Mit den daraus erwachsenen Neubauten und der ebenso großmaßstäblichen wie schwierigen Neustrukturierung eines der letzten Filetstücke an der Uferpromenade der ungekrönten Hauptstadt des Tessins hat Gianola nicht nur den bislang größten öffentlichen Auftrag – noch dazu in seiner engeren Heimat – akquirieren, sondern mit diesem prestigeträchtigen Projekt auch seine eigene Position innerhalb der Tessiner Szene mehr als behaupten können.

Wie schon erwähnt, befinden sich alle neuen bzw. umgebauten Gebäudeabschnitte auf einem Areal, das exakt auf der Schnittstelle zwischen dem historischen Stadtzentrum und der Stadterweiterung des 19. Jahrhunderts liegt. Das leicht ansteigende Gelände wird im Westen von einem steil ansteigenden Park und im Osten von der Uferpromenade des Luganersees begrenzt. Die Vorgaben des Wettbewerbs zur überfälligen Beseitigung der Spuren jahrzehntelanger Verwahrlosung an dieser Stelle wechselten mehrfach, bis sich die Auftraggeber darauf einigten, an diesem Ort ein Kulturforum mit Theater- und Konzertsaal, Kunsthalle, Museum, Büros und Wohnungen sowie einen Park und Skulpturengarten zu installieren. All dies sollte unter schonender Einbeziehung der historischen Klosterfragmente, der denkmalgeschützten Hotelfassaden und des alten Parks geschehen. Daß Gianola diesen Wettbewerb gewann, liegt aus heutiger Sicht eigentlich auf der Hand. Denn keiner hat es so wie er verstanden, Neues und Altes geradezu symbiotisch miteinander zu verbinden. Und zwar auf eine derart unprätentiöse Weise, daß dort wirklich ein durch und durch modernes Vorzeige-Quartier entstanden ist, welches seine historischen Wurzeln genausowenig verleugnet wie seine diffizilen Ortsbezüge.

Gianolas wegweisende Entscheidung war, östlich des alten Klosters und der Kirche eine raumgreifende l-förmige Neubauspange anzulegen. Der eine Arm dieser Spange beherbergt, über mehrere Geschosse verteilt, das neue Museum inklusive der Räume für temporäre Ausstellungen, während der andere längere Arm den Theater- und Konzertsaal, das Bühnenhaus, die Probesäle und Künstlergarderoben aufnimmt. Dadurch entstehen zum ehemaligen Kloster hin zwei kleine, intime Plätze. Vor allem aber entstand zwischen dem Museumsflügel und den ehemaligen Hotelkulissen ein neuer, überaus geräumiger Flanier- und Zugangsplatz, der sich nach Osten hin in voller panoramischer Breite zum Seeufer hin öffnet.

Spätestens hier wird deutlich, wie grundlegend sich Gianolas städtebaulich präfigurierte Konzeption für das LAC von Jean Nouvels volumetrischer Grundidee für das Kultur- und Kongreßzentrum Luzern (KKL) unterscheidet. Eine der allerersten Skizzen Nouvels zeigt einen Querschnitt durch das geplante Gebäude. Mit weni-

12. Ivano Gianola, Schäfflerhof, München, 1997 bis 2000. (Photo: Siegfried Gragnato.)
13, 14. Ivano Gianola, Maffeihof mit Schalterhalle der HypoVereinsbank, München, 1997–2000. (Photo: Siegfried Gragnato.)

12. Ivano Gianola, Schäfflerhof, Munich, 1997–2000. (Photo: Siegfried Gragnato.)
13, 14. Ivano Gianola, Maffeihof with service hall of HypoVereinsbank, Munich, 1997–2000. (Photo: Siegfried Gragnato.)

new in such a symbiotic fashion. In an unpretentious way he established a thoroughly modern showcase quarter, disowning neither its historic roots nor the difficult relation with the town.

Gianola's path-breaking decision was to place an expansive I-shaped buckle to the east of monastery and church. One wing of this brace houses on several floors the new museum with space for temporary exhibitions, while the other, longer arm contains theatre and concert hall and stage tower, rehearsal rooms and artists' cloakrooms. Towards the former convent it creates two intimate areas, but above all emerged between the museum wing and the old hotel façade a very spacious access platform, being fully open towards the lake panorama in the east.

Now we can see the fundamental difference between Gianola's prefigured LAC concept and Jean Nouvel's volumetric idea for the Lucerne Cultural and Congress Centre (KKL, completed 1998). One of Nouvel's first sketches shows a cross section through the building. Jotted down with a few heavy pencil lines we see a skeletal structure with a far projecting, extremely thin flat roof. From it suspended is a large container with an elliptical hall inside. It seems water is flowing into the building. While Nouvel pushes the KKL to the lake's edge, even over it, and attaches to the breathtaking canopy all spaces in layers parallel to each other, Gianola offers us in Lugano a step-down piazza as an urban proscenium. Nouvel and Gianola respond very differently but in convincing fashion to

gen dicken Bleistiftlinien auf das Papier geworfen, sehen wir eine skelettartige Struktur mit einem weit auskragenden, extrem dünnen Flachdach, darunter, abgehängt, einen großen Container, welcher in seinem Inneren einen elliptischen Saal beherbergt. Wasser scheint in dieser Darstellung ins Gebäude hineinzufließen. Während Nouvel das 1998 fertiggestellte KKL also unmittelbar an den See heran-, ja fast schon in ihn hinausrückt, alle Säle und Funktionsräume parallel hintereinander- bzw. übereinanderschichtet und von dem atemberaubend weit auskragenden Flugdach containerartig abhängt, offeriert uns Gianola in Lugano erst einmal eine grandiose, abgestufte Piazza als städtebauliches Proszenium. Nouvel wie Gianola reagieren also in höchst unterschiedlicher, aber gleichermaßen überzeugender Manier auf die jeweils vorgefundene topographische Situation. Weitere Vergleiche scheinen sich freilich zu erübrigen, denn während Jean Nouvel strukturell wie haptisch das ganze Spektrum der High-Tech- und Event-Architektur auslotet, soll heißen Stahl-Glas bis an die Grenzen des Möglichen dehnt und mit spektakulären Lichteffekten operiert, bedient sich Gianola in Lugano ganz bewußt eher zurückhaltender Mittel.

Dabei ist er Stahl und Glas gegenüber durchaus nicht abgeneigt, was Konstruktion und Anmutung des gläsernen Eingangsfoyers am Ende der Piazza nachhaltig unterstreichen. Dieses sehr bewußt zwischen Museum und Konzertsaal eingelassene, gebäudehoch verglaste Foyer mit einer Grundfläche von knapp 730 m$^2$ entpuppt sich gleichsam als Nukleus der gesamten städtebaulichen Transformation und typologischen Neugestaltung. Denn dieses transparente Foyer erschließt nicht nur die Ausstellungs- sowie den Theater- und Konzertsaaltrakt, sondern ermöglicht auch den nahezu ungehinderten Durchfluß der Landschaft; vom Seeufer aus über die Piazza, durch den Neubau hindurch bis zum weit höher gelegenen Parkgelände hinter dem LAC. Ein vielschichtiges Gefüge von Galerien und Treppenläufen ist in den Hallenraum eingestellt, wirkt aber wie eingehängt. Ausstellungs- sowie Theater- und Konzertsaaltrakt können daher über die Halle direkt miteinander kommunizieren, indirekt aber auch mit den Büros und Dienstleistungseinrichtungen, welche sich hinter den restaurierten Hotelfassaden in einem Neubau mit aufgesetzten Attikawohnungen der Luxusklasse verbergen. Mithin fungiert diese Halle als unerläßlicher urbaner Filter, in dessen Innerem sich externe wie interne Bewegungsströme oder Sichtbeziehungen kreuzen und vielschichtige kommunikative Synergieeffekte auslösen.

Nur von der vorgelagerten Piazza aus wahrzunehmen, wird die hohe Halle nochmals von einem relativ niedrigen verglasten Band bekrönt, das wie eine transparente Attika wirkt. Dahinter verbergen sich Raumfluchten, die zur Einrichtung eines exquisiten Panoramarestaurants vorbereitet sind, sowie rückseitige Freiterrassen. Kaum zu glauben, daß man von dort oben aus über wenige Treppenstufen den hinter dem Neubau verborgenen Park am Hang erreichen kann.

Besondere Bedeutung kommt natürlich dem Museumstrakt zu, weil er mit seiner spitz zulaufenden, pfeilartigen Kubatur das LAC zur Seeseite hin zeichenhaft und unnübersehbar in Position bringt. Er ist über der Piazza aufgeständert auf Wandscheiben, die mit rötlichem Naturstein bekleidet sind. Die Haut dieses Trakts besteht, wie auch die der meisten anderen Bauteile, aus grünen Marmorplatten. Mit Aufständerung und Farbkleid hat Gianola gleich zwei wichtige Effekte erreicht. Denn zum einen ermöglicht die Aufständerung den von Süden her ankommenden Besuchern, schon im voraus einen vielversprechenden Blick unter dem Museum hindurch auf die urbanen Attraktionen der Piazza zu erhaschen. Zum anderen bewirkt die grüne Marmorierung der Gebäudehaut eine Art von Camouflage, welche die gesamte Neubaumasse des LAC mit der grünen Vegetation des unmittelbar dahinter aufsteigenden Parkhange verschmelzen läßt. Selbst die Verglasung der Eingangshalle, fest installierte Sonnschutzelemente oder die mit grauen Natursteinplatten verkleideten Partien vermögen diesen Eindruck nicht zu stören. Ähnlich wie bei seinen besten Einfamilienhäusern macht Gianola auch hier, in einem weitaus größeren Maßstab deutlich, daß er nicht gegen, sondern mit der Natur bauen will. Richard Meier hätte an dieser Stelle sicher ein expressives, selbstreferentielles Gebilde im strahlenden Weiß der klassischen Moderne errichtet, ganz zu schweigen von der Vorstellung jenes autonomen, silbrig knittrigen Stahl-Glas-Gewitters, das Frank O. Gehry vermutlich beigesteuert hätte. Derartige Zurschaustellungen liegen Gianola doziert nicht. Er läßt seinen Neubau statt dessen ganz programmatisch in der grünen Silhouette des Seeufers aufgehen.

Im Inneren erreicht man die Museumsgeschosse von der gläsernen Eingangshalle aus über eine gleichfalls verglaste, schleusenartige Übergangszone, welche neben dem Museumsshop auch Vortrags- und Medienräume beherbergt. Während eine große Freitreppe die weitläufige, hohe Pfeilerhalle für Wechselausstellungen im Untergeschoß erschließt, erfolgt der Zugang zu den höher gelegenen Geschossen des aufgeständerten Museumsflügels über Rolltreppen. Räumliche Qualitäten ganz besonderer Art weist das oberste Museumsgeschoß auf. Rechts und links der Mittelachse des langen, weiß verputzten Ausstellungssaals sind hier in deutlichem Abstand von den Wänden dichte Reihen quadratischer Oberlichter in die Decke eingelassen. Auf dem darüber liegenden Flachdach von pyramidenartigen Hauben abgedeckt, gewähren diese Öffnungen den Hängeflächen punktgenau blendfreies Tageslicht, und zwar so effizient, daß kein zusätzlicher Sonnenschutz erforderlich ist. Regelrechte Highlights der oberen Museumsgeschosse sind freilich die spitz zulaufenden Dreiecksräume zur Seeseite hin. Deutlich abgetrennt von den jeweiligen Ausstellungsebenen, strahlen sie eine fast magische, kontemplative Wirkung aus. Diese wird verstärkt durch je ein horizontales Fensterband, welches ebenso breit wie niedrig ausgebildet ist. Durch den tief heruntergezogenen Fenstersturz wird Blendung vermieden und das Fenster auf eine Art Sehschlitz reduziert. Ähnlich wie in alten japanischen Häusern dient das Fenster somit als Passepartout für ein exquisites, präzise ausgewähltes Landschaftspanorama. Je nach Tageszeit und Wetter wandeln sich hier fast unmerklich Stimmungen und Farben. Hier bedarf es keiner Kunst mehr, der Luganersee und die ihn umschließenden Tessiner Bergrücken sind die eigentlichen Exponate, die es zwar nicht mehr »erschauernd«, aber doch immer noch staunend zu betrachten gilt.

Das neue Museum im LAC ist aus der Fusion des Museo Cantonale d'Arte and the Museo d'Arte Moderna della Città di Lugano entstanden. Die Sammlungsbestände verteilen sich im Neubau über vier Stockwerke auf einer Gesamtfläche von etwa 2500 m$^2$, von denen ein großer Teil für Wechselausstellungen vorgesehen ist. Damit entspricht die Fläche eines einzigen

15, 18. Ivano Gianola, Haus des Architekten in Castagnola, Tessin, 2004/05. (Photos: Siegfried Gragnato.)
16, 17. Adalberto Libera, Casa Malaparte, Capri, 1938 bis 1940. (Photos: 16 Simon Hodgson; 17 Joshua Jacques.)

15, 18. Ivano Gianola, house of the architect in Castagnola, Ticino, 2004/05. (Photos: Siegfried Gragnato.)
16, 17. Adalberto Libera, Casa Malaparte, Capri, 1938 to 1940. (Photos: 16 Simon Hodgson; 17 Joshua Jacques.)

given topographic situations. Further comparisons are redundant, since Nouvel exploits all structural and haptic possibilities of high-tech event architecture, such as steel and glass with spectacular light effects, while in Lugano Gianola is deliberately using materials with restraint.

He is not at all averse to the use of steel and glass, as the entrance wing at the end of the piazza demonstrates. This fully glazed foyer between museum and concert hall with an area of almost 730 m$^2$ is the nucleus of the whole urban transformation and its new typology. The transparent space not only distributes to exhibitions, plays and concerts but affords the unhindered flow of the landscape from the lake, across the piazza through the building to the higher park behind the LAC. A multi-layered set of galleries and stairs is inserted into the hall, they communicate with each other, directly with the museum and theatre and concert-hall section and indirectly with offices and services that are tucked away behind the restored hotel façades and the new luxury penthouses. Thereby this hall acts as indispensable urban filter of internal and external circulation flows and adds visual communication that triggers multi-level synergies.

The hall has a low crowning ribbon of glass, creating a transparent attic that is only visible from the piazza in front of the building. The space is intended for an exquisite panorama restaurant with an open terrace in back. Hard to believe that from there only a few steps lead to the hillside park behind the new building.

The museum wing is most important; the sharp edged arrow-like volume positions the LAC in a conspicuous and significant way. It rests on wall panels, clad in red stone. Like most other building parts this wing is finished in green marble slabs. By raising the block and using a green finish Gianola obtained two effects: For the visitors coming from the south it offers a promising view of the piazza behind the museum, and the green marble facing acts as a kind of camouflage, merging the mass of the LAC with the green vegetation of the hillside park directly behind. Even the glazing of the entrance hall, the fixed sun breakers, or the parts finished in grey quarry tile, do not disturb this impression. At a much larger scale but similar to his best detached houses, Gianola shows that he does not build against but with nature. Richard Meier would have built here an expressive self-referential object in the gleaming white of modernism, not to speak of an autonomous, silvery steel and glass tempest by Frank O. Gehry. Such showcasing is not Gianola's thing – he simply lets his new building merge with the green background of the lakefront.

From the entrance hall the museum floors can be reached through an equally glazed intermediate zone containing the museum shop, lecture and media rooms. While a large flight of steps leads to the high pillared gallery for temporary exhibitions on the lower floor, the upper floors are reached by escalators. The upper museum level has very special spatial qualities. To the right and left of the middle axis of the long white finished exhibition hall and well distanced from the walls are closely spaced rows of square skylights in the ceiling. They have pyramid shaped covers and illuminate the display areas with glare-free daylight, even eliminating the need for additional sun protection. Real highlights of the museum's top floors are the pointed triangular spaces to the lakeside. Clearly separated from each exhibition floor, they emanate a magic, contemplative aura. This is sustained by a horizontal ribbon window with a low lintel, reducing the window to an observation slit without glare. Similar

Stockwerks des neuen Museums der gesamten Ausstellungsfläche des bislang alleinig genutzten städtischen Kunstmuseums in der Villa Malpensata. Die nüchternen Zahlen verdeutlichen den Quantensprung, der dem regionalen wie überregionalem Kulturbetrieb aus dem neuen Museumsbau erwachsen wird.

Das pulsierende, kommunikative Herz des Neubaus schlägt freilich in einem anderen Flügel des LAC. Verkörpert wird es durch jenen großen Theater- und Konzertsaal, den man in Lugano so lange herbeigesehnt hatte. Zugänglich ist er von der großen Eingangshalle, sowohl von deren Erdgeschoß aus als auch über die höher gelegenen Galerien. In der Halle sind auch alle für den Betrieb erforderlichen Nebenräume angesiedelt, wie Kassen, Garderoben und Toiletten sowie Bars und Sitzmöglichkeiten für die Pausen. Über Aufzüge und breite Treppenkaskaden erreicht man schließlich den räumlichen Höhepunkt des LAC. In dem multifunktional nutzbaren, akustisch und auch im Hinblick auf die Materialien vorzüglich ausgestatteten Auditorium mit Bühnenturm, das übrigens völlig autark nutzbar ist, präsentiert sich uns nämlich einer der schönsten Theater- und Konzertsäle des Tessins, wenn nicht ganz Europas. Und wer hätte unter der disziplinierten, ja sogar nüchternen Tektonik des flach gedeckten Außenbaus eine derartig kostbare, dazu beinahe organisch geformte und mit wertvollen Hölzern ausgekleidete »Schatulle« erwartet?

Wer die schwergewichtigen Kompendien gesehen hat, in denen Gianola und ein achtzigköpfiges Team jahrelange typologische, konstruktive und akustische Recherchen hinsichtlich der weltweit bedeutendsten Theater- und Konzerthäuser seit Mitte des 20. Jahrhunderts dokumentiert und analysiert haben, der vermag nachzuvollziehen, welche Sorgfalt der Architekt diesem Raum angedeihen ließ. Und es wird deutlich, daß dieser Saal für ihn, der nie zuvor einen Theater oder Konzertsaal gebaut hat, sehr viel mehr bedeutet als das abgelieferte architektonische Pflichtprogramm eines Auditoriums. Nein, dieses Gehäuse ist ganz sein Raum; ein Raum, der für ihn gleichsam sein verräumlichtes Resümee aller einschlägigen Erkenntnisse und Anmutungen verkörpert. Das ist keine Spekulation, sondern bleibt bis in das kleinste Detail dieses wunderbaren Luganer Welttheaters hinein spürbar. Den Vergleich mit Jean Nouvels Konzertsaal im KKL in Luzern hat dieser dynamische Raum wahrlich nicht zu scheuen. Und an Jean Nouvels kürzlich in Betrieb genommener Pariser Philharmonie oder an Herzog & de Meurons noch im Rohbau befindlichem Konzertsaal in der Hamburger Elbphilharmonie braucht sich Gianolas Raumschöpfung erst recht nicht messen zu lassen, weil beide Projekte lediglich wie zeitgenössische Paraphrasen auf Hans Scharouns amphitheatralisch terrassierte Berliner Philharmonie (1960–63) wirken.

Auf einer Fläche von 2745 m$^2$ (inklusive Studiotheater und Mehrzwecksaal) finden im neuen multifunktionellen Theater- und Konzertsaal des LAC etwa 1000 Besucher in bequemen Fauteuils Platz. Funktinal ist der Raum nach den Regeln eines Rang- und Logentheaters organisiert. Die steil ansteigenden Sitzreihen ermöglichen selbst in den letzten Sitzreihen eine beeindruckende Nähe zum Geschehen auf der Bühne, ohne störende Blick- oder Hörbeeinträchtigungen. Anstelle einer konventionellen Guckkastenbühne wirkt der ungewohnt breite und hohe Bühnenraum in Lugano wie der konsequente Abschluß eines organisch anmutenden, innenarchitektonischen Gesamtgefüges. Während sich die Ränge und Logen fast freiplastisch konkav-konvex in den Raum einschluchten bzw. vorwölben, scheint die zur Bühne hin abfallende Decke wie in einer kräftigen Wellenbewegung erstarrt. Durch den hellen Holzton der homogenen Raumverschalung verbinden sich Böden, Wände und Decken zu einer ineinanderfließenden kompositionellen Einheit. Die Details der Holzverarbeitung dokumentieren handwerkliches Raffinement und hohe Professionalität. Die Installationen für Heizung, Lüftung, Kühlung, Elektrik sind unter den Sitzreihen und Wandschalen verborgen, während sich in der nicht einsehbaren Zone über der gewellten Decke die Beleuchterbrücken sowie weitere erforderlichen Elemente modernster Theatertechnik befinden.

Auch die Bühne mit ihrem hohen Bühnenturm samt Schnürboden ist technisch besehen ein regelrechtes Wunderwerk, dessen Effekte mitunter ein wenig an das Spiel »Jack in the Box« erinnern. Und das nicht etwa wegen des nach unten absenkbaren Orchestergrabens, sondern wegen der verblüffenden Verwandlungsmöglichkeit des eigentlichen Bühnenraums. An dessen Stirnwand, den beiden Seitenwänden und dem Bühnenhimmel sind nämlich, den Blicken der Zuschauer verborgen, monumentale, vielfach eingefaltete Holzpaneele an Schienen bzw. Seilen aufgehängt. Diese sind im gleichen hell-warmen Holzton furniert wie der übrige Theaterraum. Wird das Theater einmal nicht für Schauspiel-, Opern- oder Ballettaufführungen genutzt, sondern als reiner Konzert- oder Kongreßsaal, dann lassen sich diese Paneele innerhalb kurzer Zeit hinter dem gleichzeitig aufgeweiteten Bühnenportal computergesteuert entfalten, ausfahren und wie von Zauberhand zusammenfügen. Und zwar so lange, bis der dann nahezu allseitig von Holzwänden umschlossene Bühnenraum wie eine natürliche Fortsetzung des Auditoriums wirkt. Dann vereinen sich Bühnenpodium und Bühnengehäuse zu einem zurückhaltenden »point de vue«, der alle Augen und Ohren auf sich zieht. Somit ist es ein Leichtes, aus dem großen Auditorium gleichsam im Handumdrehen ein Theater zu machen, ein Opernhaus, eine Konzerthalle oder ein Kongreßgebäude. Vom Symphonie- zum Jazzkonzert, von der Oper zur Operette, vom Ballett zum Schauspiel, vom Kino zur Kongreßbühne ist hier alles machbar. Es ist sicher auch der guten Zusammenarbeit Gianolas mit Jürgen Reinhold von der Münchener Firma Müller BBM zu verdanken, daß das Auditorium im LAC eine derartig perfekte Performance für all die hybriden Nutzungen in ein und demselben Gehäuse ermöglicht. Schließlich ist Müller BBM eine bedeutende Ingenieurgesellschaft für Beratungen, Gutachten, Messungen und Planungen in allen Bereichen der Akustik, der Bauphysik und des Umweltschutzes. So gilt Müller BBM weltweit als tonangebend in der internationalen Raum- und Bauakustik. Mit ihrem Know-how in der Bauphysik sowie im Brandschutz, der gerade in Theatern eine eminent wichtige Rolle spielt, war diese Firma auch beim LAC in der Lage, ein komplett vernetztes Leistungsbild zu entwickeln und eine integrale Lösung für alle Bauteile anzubieten. Und das Schönste dabei: Die Resultate all dessen bleiben völlig unsichtbar. Niemand ahnt, daß es oberhalb des Auditoriums noch hochkomplexe Netzwerke softwaregesteuerter Installationen oder Labyrinthe von Wartungsgängen, Brandabschnitten und Fluchtwegen gibt, ohne die eine Bespielung des Raums bzw. der Räume darunter unmöglich wäre. Dennoch gelingt es dem Theater- und Konzertsaal des LAC auf gänzlich entspannte Weise, ästhetische Ansprüche, akustische

19. Jean Nouvel, Kultur- und Kongreßzentrum Luzern (KKL), 1993–99. (Photo: Wolf-Dieter.)
20–23. Ivano Gianola, LAC Lugano Arte e Cultura, 2002–2015. Computer-Animationen der zentralen Halle (20, 21) und des Museums (22, 23).

19. Jean Nouvel, Kultur- und Kongreßzentrum Luzern (KKL), 1993–99. (Photo: Wolf-Dieter.)
20–23. Ivano Gianola, LAC Lugano Arte e Cultura, 2002–2015. Computer animations of the central hall (20, 21) and the museum (22, 23).

to Japanese houses the window acts as a passepartout for a precisely determined landscape view. Hardly perceptible change mood and color with time and weather. Without any further artistry Lake Lugano and the surrounding Ticino mountains become the actual exhibits, to be marveled at, maybe without shivering.

The LAC museum emerged from the fusion of the Museo Cantonale d'Arte and the Museo d'Arte Moderna della Città di Lugano. The collection is distributed over five floors with a total surface of 2500 $m^2$, a large part of which reserved for temporary exhibits. The area of a single floor of the new museum corresponds to the whole municipal art museum in Villa Malpensata. These plain figures illustrate the quantum leap the new museum affords to the regional art scene and beyond.

However, the heart of communication pulsates in another wing of LAC. It is embodied in the large theatre and concert hall, so long longed for in Lugano. Its ground floor, as well as the higher galleries are accessed from the large entrance hall. All services and auxiliary rooms such as cash desks, cloakrooms and toilets are in the hall, including bars and seating for intermissions. With lifts or over cascades of wide staircases we finally reach the climactic space of LAC. The multifunctional auditorium with its stage tower can be used completely independent from other functions. It is exquisitely finished and has become one of the most beautiful theatre and concert halls of Ticino, if not of all Europe. Who would have expected under the disciplined, frugal tectonics of the flat roofed exterior such a precious, organically shaped and in valuable wood finished »casket«?

Who has seen the voluminous compendiums of important theatres and concert halls built since the middle of the 20th century, with the aid of which Gianola and his eighty-person team have conducted years of typological, structural and acoustic studies, will realize what special care the architect has dedicated to this space. It is explicit that for him, who never before designed a theatre or concert hall, this hall meant more than the delivery of an architectural program for an auditorium. No, this interior is his own space, a space embodying his 3D résumé of all related insights and impressions. This is no speculation, it is felt in every small detail of this wonderful theatre world in Lugano. The dynamic space certainly does not need to shun a comparison with Jean Nouvel's concert hall in Lucerne. Neither shall Jean Nouvel's recently inaugurated Paris Philharmony or Herzog & de Meuron's currently constructed Hamburg Elbphilharmonie be measures for Gianola's creation, since both of them are only contemporary paraphrases of Hans Scharoun's amphitheatrically terraced Berlin Philharmonie (1960–63).

About 1000 spectators are comfortably seated in the 2745 $m^2$ multifunctional LAC theatre (including studio theatre and multipurpose hall). Functionally the hall follows the rules of a gallery and box theatre. The steeply rising seating allows even the last rows an impressively close proximity to the stage, without disturbing visual or auditory restrictions. In contrast to a conventional proscenium stage the wide and tall stage area in Lugano reads like the proper completion of an organic interior design. While the galleries and boxes project in concave and convex fashion into the space,

Qualitäten und technische Raffinessen zur Deckung zu bringen.

Mit dem großen Saal und seiner Bühne sind auch noch ein kleines Studiotheater sowie ein Mehrzwecksaal verbunden. Diese können sowohl in Verbindung mit dem Hauptsaal als auch separat genutzt werden. Im Studiotheater werden Inszenierungen angeboten, für die eine Präsentation im kleineren Rahmen vorgesehen ist. Je nach Anforderung kann das Studiotheater in Kombination mit dem Mehrzweckbereich aber auch als Proberaum oder Malersaal für die Fertigstellung von Bühnenbildern dienen. Die Möglichkeit, Künstlern im benachbarten ehemaligen Kloster Kost und Logis anzubieten, macht diesen Bereich innerhalb des LAC zudem attraktiv für junge, experimentell arbeitende Nachwuchskünstler oder Künstlergruppen.

Wenn von Künstlern die Rede ist, dann verdient noch eine weitere Raumzone des LAC Erwähnung, die in der Regel ausschließlich von ihnen genutzt und deshalb nicht selten stiefmütterlich behandelt wird. Gemeint ist eine immerhin sieben Stockwerke hohe und schmale Raumzone, die sich an die Rückwand des Bühnenturms anschmiegt. Im Grundriß legt sie sich U-förmig um das Bühnenhaus, wohingegen sie sich im Längsschnitt keilförmig nach oben hin verjüngt.

Diese schmale Zone mit ihren übereinandergeschichteten Räumen beherbergt eine opulente Anzahl kleiner, aber feiner, weil optimal ausgestatteter Künstlergarderoben. Da dieser Trakt teilweise in den steil aufsteigenden Hang eingegraben ist, kann man hoch oben in der sogenannten Dirigentensuite einerseits den nahen Parkhang fast mit Händen greifen. Andererseits blickt man nach einer kurzen Drehung am gleichen Standort wie vom Balkon eines Hochhauses aus tief hinab auf die sieben Stockwerke weiter unten gelegenen Innenhöfe des ehemaligen Klosterareals. Trotz der im Garderobentrakt herrschenden Enge, die freilich nirgendwo bedrängend wirkt, ist es Gianola gelungen, hier auch noch einen kleinen sowie einen größeren Proberaum unterzubringen. Der kleinere kann sogar von der Hangseite aus fußläufig betreten oder verlassen werden. Hingegen offeriert der zweigeschossige größere Proberaum auf der anderen Seite aus raumhohen Fenstern einen phantastischen Panoramablick auf die Altstadt Luganos. Der eigentliche Clou des keilförmig hoch übereinandergeschichteten »Regals« für die Künstler besteht freilich darin, daß diese alle und auch alle zugleich blitzschnell über Aufzüge und Treppen die Bühne erreichen können.

Ein letzter Blick soll der »Rückseite« des LAC gelten, obwohl es eine weniger attraktive Rückseite eigentlich gar nicht gibt. Aber dennoch präsentiert sich hier eine lange, zum Hang hin gewandte, mehrfach vor- und zurückspringende, multifunktionale Wand. Tief unten, vom Niveau der Straße Riva Antonio Caccia aus, können Lastwagen über die Via Antonia Adamini in eine drei- bis viergeschossige, flach gedeckte Sockelzone des LAC einfahren, um Kulissen oder andere Gegenstände an einer internen Rampe abzuladen. Von dort aus lassen sich diese über eine Reihe sehr hoher, schleusenartiger Räume, welche parallel zum Auditorium hintereinandergeschaltet sind, direkt zu einem Seitentor der Bühne transportieren. Diese Raumzone dient jedoch nicht allein der Anlieferung, in ihr sind vielmehr auch zahlreiche Installationen der Haustechnik untergebracht.

Wer von der Anlieferung aus einen Blick auf den unmittelbar daneben aufsteigenden Steilhang des Parks wirft, der wird erahnen, wie kompliziert der Baubeginn für das LAC seinerzeit gewesen sein muß. So mußten vor dem Aushub der Baugruppe die geologischen Verhältnisse berücksichtigt werden. Denn schließlich lag das Baugelände ja auf einem schmalen Streifen zwischen dem Seeufer und einem stark geneigten Hang mit felsigem Untergrund, den man zudem auch noch anzuschneiden gedachte. So wurde es erforderlich, vor dem Aushub ein ausgeklügeltes System der Grundwasserabsenkung mit entsprechenden Überwachungsmöglichkeiten zu installieren. Erst danach war es möglich, einen wasserdichten Untergrund für das Aufbringen der Fundamente anzulegen. Aus Gründen der Umweltverträglichkeit entschloß man sich nach eingehenden Studien, den zwischen 2006 und 2008 anfallenden Aushub mitten im Luganersee zu versenken. Andernfalls hätte man zum Abtransport der rund 200 000 m$^3$ Aushub nämlich rund 25 000 Lastwagenfuhren benötigt, deren Schadstoffemissionen das sensible Ökosystem der Uferzone jahrelang beeinträchtigt hätten.

Auch auf andere Weise sollte das neue Kunst- und Kulturzentrum von seiner Lage unmittelbar am See profitieren. So ließen sich die Wassermengen des Luganersees und ihre jahreszeitlich bedingten Temperaturschwankungen auf ideale Weise zur Heizung und Kühlung des Neubaus heranziehen. Die kombinierte Nutzung von Wärme und Kälte aus der gleichen Energiequelle verursacht keinerlei Emissionen, benötigt keine Tankanlage und garantiert dennoch eine hohe Energieunabhängigkeit.

Kehren wir jedoch zum Anlieferungsbereich des LAC an der Via Antonio Adamini zurück und schauen auf das, was sich oberhalb dieses flach gedeckten Nebentrakts abspielt. Dort präsentiert uns Gianola nämlich ein Kabinettstück nach dem anderen. Und das trotz der schwierigen Situation, die durch das Anschneiden des Hangs, genauer gesagt das teilweise Eingraben der Baumassen, entstanden ist. Mit Hilfe eines ausgeklügelten Systems von Terrassen, Freitreppen und Stegen gelingt es dem Architekten, all die heterogenen, auf dieser Seite kräftig nach außen dringenden Innennutzungen unter Einbeziehung des neu gestalteten grünen Steilhangs sinnfällig miteinander zu verknüpfen. So bietet er Besuchern dort oben zunächst einmal eine große Freiterrasse an. Diese grenzt genau in der Höhe des zweiten Obergeschosses unmittelbar an die verglaste Rückseite der transparenten Eingangshalle. So können Besucher von der Terrasse aus einen Blick in die Halle werfen und durch die Halle hindurch, über die vorgelagerte Piazza hinweg, direkt auf den See schauen. Das läßt selbst verwöhnte Betrachter und Flaneure einige Momente innehalten, ungeachtet dessen, ob sie nun aus dem Museum, dem Theater- und Konzertsaal oder dem Park auf diese Terrasse gelangen. Je nach Laune können sie dort kürzer oder länger verweilen, um sich danach zurück ins LAC, in den Park oder die Stadt zu begeben.

Über theaterartig aufsteigende Sitzstufen, von denen aus sich das Treiben auf der großen Terrasse oder im Park genüßlich verfolgen läßt, erreicht man eine weitere kleinere Terrasse. Diese fungiert als eine Art Vorhof für den sich daran anschließenden Proberaum der Musiker, Sänger oder Schauspieler. Eine aufsteigende Treppenkaskade schwingt sich nach einem Richtungswechsel von hier aus hinauf zum künftigen Panoramarestaurant mit seinen herrlichen Dachterrassen. Eine andere, schmalere Freitreppe führt gleichfalls vom Vorhof des

the ceiling descends towards the stage and looks like a frozen wave. The homogenous bright wooden cladding merges floor, walls and ceiling into a flowing whole. The details of the woodwork exhibit refinement and skilled craftsmanship. The installations of heating, ventilation, cooling and power are hidden under the seats and behind the wall cladding, lighting bridge and other elements required by modern stage technique are above the wavy ceiling.

The stage with its tall stage tower and rigging loft is also a technical marvel, with »Jack in the box« effects. Not only because the orchestra pit can be sunk, but for the amazing changeability of the actual stage. Attached to rails and ropes along the front wall, the two side walls and the cyclorama and hidden from the spectators' view, are huge folded wooden panels. They are covered with the same brightly-warm wood veneer as the rest of the theatre. If the theatre is not used for a play, opera or ballet but as concert or congress hall, these panels can be unfolded shortly by computer control and connected like magic across the wide stage opening. In the end the panel-enclosed stage looks like a natural continuation of the auditorium. Stage podium and stage cubicle combine to a restrained »point de vue«, attracting all eyes and ears. Thus it is easy to transform the theatre into an opera house, a concert hall or a congress facility, so to speak in the twinkling of an eye. Anything can be accommodated, from symphony to jazz concert, from opera to operetta, from ballet to play, from cinema to congress venue. Gianola certainly owes the perfect performance of the LAC auditorium in all the hybrid utilizations of one and the same building to the good cooperation with Jürgen Reinhold of Müller BBM company in Munich. Müller BBM is an important engineering consultancy for advice, expert reports, measurements and planning in all aspects of acoustics, building physics and environmental protection. Müller BBM is internationally leading in room and building acoustics. With its know-how in building physics and fire protection, which are of eminent importance in theatre design, this firm was able to develop for LAC a completely integrated solution in all parts of the building. The beauty of it: The results of it all remain totally invisible. Nobody suspects that there is above the auditorium a highly complex network of software guided installations or labyrinths of maintenance walks, fire compartments and escape routes without which the utilization of the spaces below would be impossible. Nevertheless, the theatre and concert hall of LAC has accommodated esthetic requirements, acoustical quality and technical refinements in an effortless way.

A small studio theatre and a multipurpose hall are connected with the large hall and its stage. They can be used separately or together with the main hall. The studio theatre serves for staging smaller presentations. It can be combined with the multipurpose area or be used for rehearsals or the painting and completion of stage sets. It is possible to offer the artists room and board in the neighboring former convent, making this sector of LAC attractive for young innovative artists or groups of artists.

Talking of artists, another area of LAC should be mentioned; being only used by them it is often treated as secondary. It is the narrow, seven floors high area wrapped around the back of the stage tower. In plan it forms a U around the stage, in section it tapers towards the top.

This narrow zone of superposed rooms houses a large number of small, but excellently furnished dressing rooms for performers. Since this portion is partially cut from the hill, we can nearly touch the slope of the park from the so-called conductor's suit at the top. Turning like on the balcony of a high-rise, we see deep down, seven levels below, the inner courts of the former monastery. In spite of the tight dressing area, which nevertheless never feels uncomfortable, Gianola succeeded in placing one small and one larger room for rehearsals. The smaller can be entered directly from the hillside, while the large double volume rehearsal room on the opposite side offers a fantastic panoramic view of old Lugano through its room-high windows. The final trick of this »shelving« of the artists is the way they can reach the stage in no time by lifts or stairs.

Let's give a last regard to the »backside« of LAC, although there is no less attractive backside. It presents itself as a long multifunctional wall, projecting too and receding from the hillside. Deep down, at the level of Riva Antonio Caccia, delivery vans can reach up to four levels of LAC via Antonia Adamini Street to unload scenery and other material at an internal ramp. Through a succession of several high rooms the items can be transported directly to one of the lateral doors of the stage. Apart from serving for deliveries this zone also contains many mechanical elements.

The difficulties at the start of construction works for LAC become apparent when looking from the service end to the immediately rising escarpment of the park. Before excavation for the building complex the geological conditions had to be studied. After all, the site was a narrow piece of land between the lakeshore and a steep hillside on a rocky base, which had to be cut into. An ingenious system with related controls to lower the water table had to be devised. Only after this it was possible to lay a waterproof membrane below the foundations. For reasons of environmental protection and after thorough studies it was decided to dump the excavated material from 2006 till 2008 into Lake Lugano. Otherwise 25 000 truckloads would have been needed to remove about 200 000 m$^3$ material, the pollutant emissions of which would have impaired the sensible ecosystem of the lakeshore for years.

The new art and culture centre also profited in other ways from its location directly at the lake. The water of Lake Lugano with its seasonal temperature change could be used in ideal fashion for heating and cooling the new building. The combined utilization of coldness and warmth of the same energy source does not cause any emissions, does not need any storage tanks and guarantees a large degree of energy independence.

Let us return to the servicing end of LAC at the Via Antonio Adamini and look what happens above this flat roofed auxiliary wing. Gianola presents us one master stroke after the other, in spite of the difficult cutting into the hill, or rather the burying of parts of the building. With the aid of an elaborate system of terraces, open staircases and bridges the architect succeeds to integrate all interior functions with the new design of the landscaped cliff. At second floor level he provides the visitors with a large open ter-

Proberaums aufwärts in die oberste Zone des Parks oder in das oberste Geschoß mit den Künstlergarderoben.

Gianola, der sich in vielen seiner Projekte als exzellenter Gartengestalter erwiesen hat, wollte sich auch hier die Um- und Neugestaltung des LAC-Parks nicht aus der Hand nehmen lassen. Die sinnfällige Verknüpfung von Innen und Außen, das symbiotische Austarieren von Tektonischem und Natürlichem, das jahreszeitlich bedingte Spiel pflanzlicher Farben und Lichter im Wechselspiel mit farbig bekleideter Architektur, all das ist ihm in all seinen Arbeiten genauso wichtig, wenn nicht gar wichtiger als die Ästhetik dieses oder jenes baulichen Details. So hat Gianola auch dieses grüne Hanggelände, das während der Bauzeit notgedrungen leiden mußte, mit neuen Panoramawegen, Aussichtspunkten und Verweilorten als Wiedergutmachung an der autochthonen Tessiner Natur und als wesentliche Bereicherung des ökologischen Netzwerks der vorhandener Parkanlagen in Lugano verstanden. Der LAC-Park, dessen Rand zur Altstadt hin durch die lange Treppe der alten Salita Degli Angioli sowie einen historischer Schrägaufzug begrenzt wird, ist öffentlich zugänglich und dient darüber hinaus auch als Freiluftmuseum für Skulpturen und Kunstinstallationen. Eine romantische Villa aus dem 19. Jahrhundert im Habitus einer Burg scheint hoch oben, knapp außerhalb des Parks, noch darauf zu warten, daß man sie, ähnlich wie die alten Gemäuer des Grandhotels, weiter unten endlich aus dem Dornröschenschlaf erwecken möge. Von hier oben lassen sich – gleichsam aus der Vogelschau – das LAC, der Neubau hinter den alten Hotelfassaden, die restaurierten Klosterreste, der Kreuzgang und die Innenhöfe zum ersten und einzigen Mal in ihrer Gesamtheit erfassen.

Man blickt auf ein städtisches Raumgefüge, das Neues ebenso sinnfällig wie angemessen mit Altem verknüpft. Wie der sprichwörtliche Phoenix aus der Asche ist ein verlorenes Stück Stadt offenkundig auferstanden. Und man begreift, daß das LAC tatsächlich zum neuen Eingangstor am südlichen Ende des historischen Stadtkerns geworden ist. Und doch grenzt das, was dort entstanden ist, an ein kleines Wunder. Man erkennt eine neue, einladende Promenade, die sich vom Seeufer aus über die neue Piazza, durch das transparente Foyer des LAC hindurch bis in den umgestalteten Höhenpark emporschraubt. Damit ist ein weitgehend unzugängliches Areal, das jahrzehntelang gemieden wurde, in einem einzigen Handstreich für das 21. Jahrhundert ertüchtigt und für Besucher aus nah und fern wieder geöffnet worden – auch wenn der Handstreich, auch wenn diese vielschichtige Transformation den verantwortlichen Architekten bis an die Grenzen des Machbaren getrieben hat.

Herausgekommen ist dabei eine dezidiert auf Lugano zugeschnittene neue »Stadtkrone«; gleichermaßen präzise wie elegant durchgestaltet, vom topographischen »Setting« bis hin zum letzten liebevoll sanierten Stein. Und einmal mehr ist Gianola sich dabei selbst treu geblieben; weniger was die Stilfrage anbelangt als vielmehr seine unvergleichlich geduldige, einfühlsame, investigative Annäherung an jedes einzelne Projekt. Auch beim LAC ist Gianola keiner professionellen Routine erlegen. Er hat sich statt dessen auch bei diesem Projekt eine unverdorbene, ja beinahe kindliche Neugierde, eine wirkliche Lust auf das Bauen sowie die Fähigkeit erhalten, Bauherren und potentiellen Nutzern ernsthaft zuzuhören, anstatt sie besserwisserisch zu bevormunden.

Man muß diesen Architekten nur ein einziges Mal beim Begehen des LAC, vor allem aber beim vorausgegangenen Entwerfen, beim Zeichnen beobachtet haben, um zu spüren, welcher Geist ausnahmslos alle Bauten Gianolas, somit auch das LAC, bewegt. Mit dickem Blei- oder Farbstift haben sich ganz langsam und in großem Maßstab Linien ins Skizzenpapier gegraben, vom ersten Augenblick an die Dimension des Baus, dessen Fußböden, Wände und Decken, dessen Farben, Materialanmutungen und Vernetzungsmöglichkeiten, kurzum dessen Atmosphäre zeichnerisch erforschend, verwerfend und wieder von vorne beginnend. Diese geduldige zeichnerische Exploration hat sich beim LAC in Gestalt endloser Situations-, Raum- und Materialdiagramme fortgesetzt, bis sich das, was später einmal ein »Haus der Kultur« werden sollte, ganz allmählich von innen nach außen konstituierte. Wie bei vorausgegangenen Projekten ist auch beim LAC das Äußere ein präzises Ergebnis geduldigen Forschens, in dessen Verlauf sich Imagination, gespeist aus Denken und Erkennen, sukzessive räumlich verfestigt hat.

Geblieben sind beim LAC auch die Ehrfurcht vor allem Handwerklichen und die Ehrfurcht vor natürlichen Materialien. Wie Adolf Loos hegt Ivano Gianola keinerlei Vorurteile gegenüber der immanenten Ornamentik natürlicher Baustoffe, wohl aber Vorurteile gegenüber sinnlosen Ornamenten. Wer beobachtet, wie bildhaft Gianola natürliche Materialien beim LAC aufgreift, fügt, ja mitunter regelrecht inszeniert, der begreift etwas von den Wurzeln seiner Architektur, seines architektonischen Denkens. Was im Umkehrschluß jedoch nicht bedeutet, daß Gianola sachlichen Materialien, wie Beton, Stahl oder Glas, abgeneigt wäre. Er behandelt diese vielmehr allein unter dem Aspekt der Angemessenheit; sorgsam abwägend, nicht welcher Raum, sondern welche Art von Atmosphäre für welche Menschen unter Zuhilfenahme welcher Materialien generiert werden soll.

Spätestens seit den Münchener Projekten hat Gianolas Werk auch den Sprung in die Flächen, Volumina und Maßstäbe der großen Stadt gefunden, ohne dabei – und das ist vielleicht das Erstaunlichste – an Substanz und Dichte zu verlieren. Ganz im Gegenteil, verkörpert doch das »Ex-Palace-Areal« in Lugano das Resultat eines städtebaulichen Transformationsprozesses, der es – was die inhärente Logik dieses Prozesses anbelangt – mühelos mit ähnlich komplexen Stadtumbauten in aller Welt aufnehmen kann; soll heißen in ideeller, struktureller, materieller und natürlich auch formaler Hinsicht.

Kurzum, in Gianolas LAC hat Le Corbusiers Feststellung, der zufolge dem schwierigen Geschäft des architektonischen Entwerfens stets eine »recherche patiente«, eine geduldige Suche, vorausgehen müsse, um in das »jeu magnifique«, das göttliche Spiel der Erschaffung neuer Welten eintauchen zu können, aufs anschaulichste Bestätigung gefunden. Es gab Zeiten, da hat man solche Architekten als »Baumeister« und ihre Werke als »baumeisterlich« bezeichnet. Warum sollten Bezeichnungen wie diese nicht auch auf das neue Kunst- und Kulturzentrum in Lugano und seinen Architekten zutreffen?

race, which connects with the transparent backside of the entrance hall. Visitors can look from the terrace through the hall, across the piazza all the way to the lake. Even the most pampered flâneurs will stop for some moments, whether they come to the terrace from the museum, the theatre and concert hall or the park. According to their whim they may linger until returning to the LAC, to the park or the town.

Climbing the theatre-style steps from where we can leisurely watch the hustle and bustle on the large terrace or the park, we reach another smaller terrace. It is a kind of forecourt of the adjacent rehearsal room for musicians, singers or actors. Another chain of stairs sweeps up to the future panoramic restaurant with its magnificent roof terraces. An additional small open stair leads further up to the park level and the top floor of the artists' dressing rooms.

Since in many of his projects Gianola proved to be an excellent landscape architect, he also wanted to carry out the redesign and renovation of LAC's park. The manifest interdependence of inside and outside, the symbiotic balancing of tectonic and natural elements, the seasonal play of herbal colors and lights interacting with the architectural hues, all this he considers equally important in all his work, or even more important than the esthetics of this or that building detail. Gianola made amends for the unavoidable mutilation of the site during construction, introducing new panoramic paths, viewing points and resting areas. He understood the reparation of the site as an essential contribution to the autochthonous nature of Ticino and the ecological network of the existing park areas in Lugano. The LAC Park is limited towards the old town by the long stairway of the old Salita Degli Angioli and an inclined elevator; it is open to the public and also serves as open-air museum for sculpture and artistic installations. Like the old walls of the Grand Hotel, a romantic 19th-century villa in castle-style seems to wait high above, just outside the park, to be awoken from its Sleeping Beauty condition. From there we have a bird's eye view of the LAC, the new construction behind the hotel façades, the restored remains of the monastery, the cloister and inner courts; it is the one and only time we can see all of it.

We look at an urban spatial structure that combines old and new in an obvious and appropriate way. Like the phoenix from the ashes a lost portion of the town has been resurrected. We understand that the LAC has really become the southern gate to the historic town centre. Still, what has been created here is a small miracle. We perceive a new inviting promenade, winding up from the lakeshore over the new piazza, through the transparent foyer of LAC, to the redesigned park above. A largely inaccessible area that was shunned for decades was brought into the 21st century and opened for visitors from near and far. This was accomplished, so to speak, by a surprise coup – even though the intricate transformation process brought the responsible architect to the limits of the possible.

The result is a new »Stadtkrone«, decidedly fashioned for Lugano, precisely and elegantly designed, from its topographic setting to lovingly renovated stone. And once again Gianola remained true to himself, not so much as regards the style, but in his incomparable patient, empathic and searching approach to each single project. Also at LAC he did not follow professional routine. Gianola retained in this project an unspoilt, nearly child-like curiosity, a pleasure to build and the capability to earnestly listen to clients and users instead of patronizing them as a know-all.

We sense the spirit that motivates without exception all architecture by Gianola, including LAC, when we observed this architect only once, reviewing LAC, or earlier, when drawing and preparing the designs. Slowly, at big scale, heavy lines of pencil or crayon cover the sketching paper, probing from the first moment the dimensions of the building, its floors, walls and ceilings, the colors, materials and their interaction, visually exploring the atmosphere, correcting, discarding and again beginning from the start. At the LAC this patient graphic exploration was endlessly continued by situation, space and material diagrams, slowly constituting from inside out the later »House of Culture«. As in previous projects the LAC's exterior is the precise result of diligent exploration, in the course of which imagination fed by thinking and recognition successively solidified into space.

In LAC persist the reverence for all handicrafts and the reverence for natural materials. Like Adolf Loos Gianola is without prejudice to the immanent ornaments of natural building materials, but he is prejudiced against meaningless ornamentation. We grasp a bit the roots of Gianola's architecture and his architectural thinking, when observing how he vividly includes, even orchestrates, natural materials in LAC. On the other hand this does not mean that Gianola is disinclined to concrete, steel or glass. He handles them solely in view of their appropriateness, not considering what sort of room, but what kind of atmosphere for which type of people should be generated, using what set of materials.

At least since the projects in Munich Gianola's work has entered the realm of big city space, volume and scale, surprisingly without loss of substance and density. On the contrary, the urban transformation process of the former palace area in Lugano with all its inherent logic easily matches similar complex urban renewals all over the world; and that on the ideal, structural, material and, of course, formal level.

In short, Gianola's LAC vividly confirms Le Corbusier's statement that the difficult task of architectural design always requires a »recherche patiente« – patient research before delving into the »jeu magnifique« – the divine game of creating new worlds. There were times when such architects were called »master builders« and their work was labeled »masterly«. Why should not such a designation be given to the new art and cultural centre in Lugano and its architect?

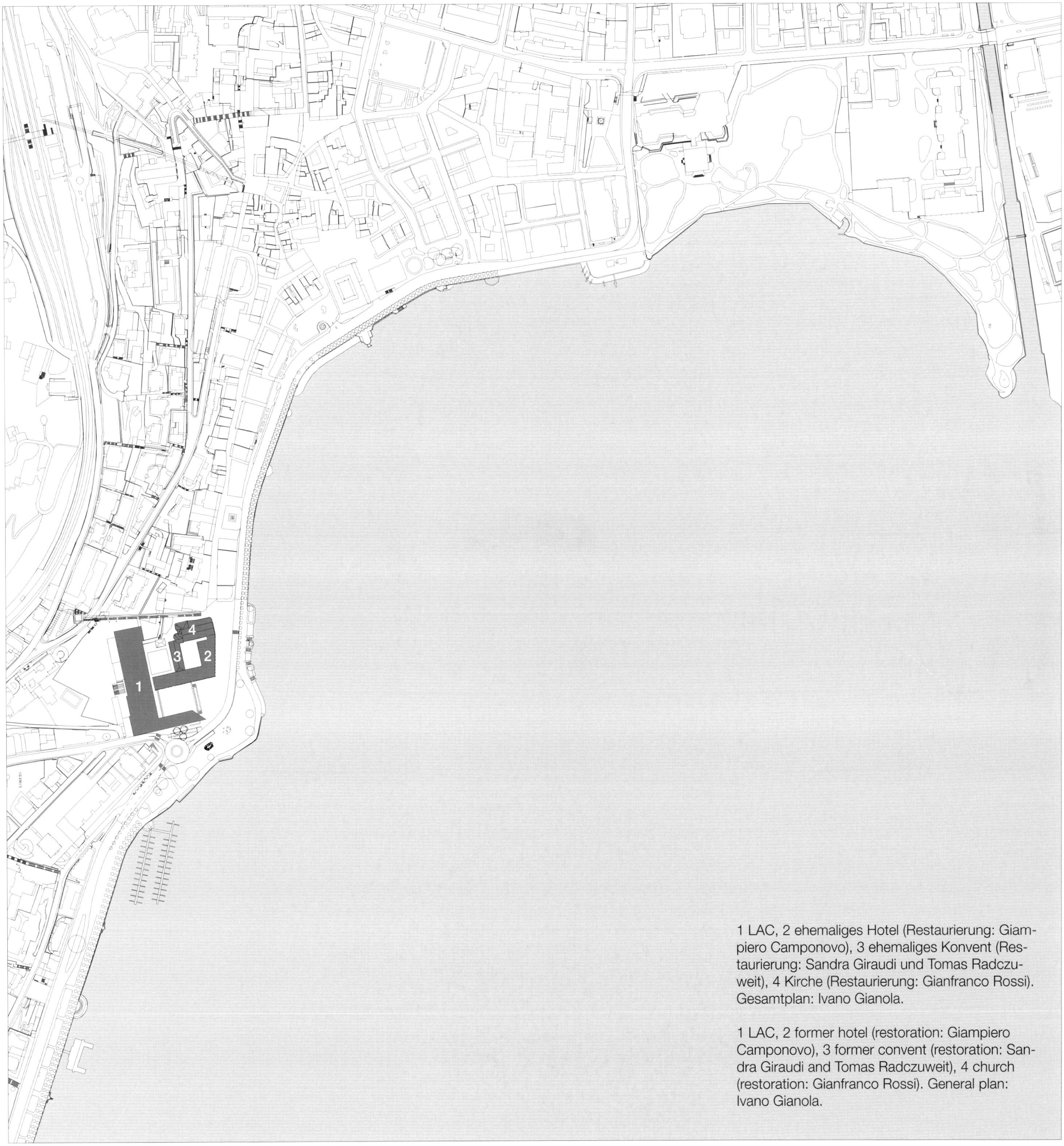


1 LAC, 2 ehemaliges Hotel (Restaurierung: Giampiero Camponovo), 3 ehemaliges Konvent (Restaurierung: Sandra Giraudi und Tomas Radczuweit), 4 Kirche (Restaurierung: Gianfranco Rossi). Gesamtplan: Ivano Gianola.

1 LAC, 2 former hotel (restoration: Giampiero Camponovo), 3 former convent (restoration: Sandra Giraudi and Tomas Radczuweit), 4 church (restoration: Gianfranco Rossi). General plan: Ivano Gianola.

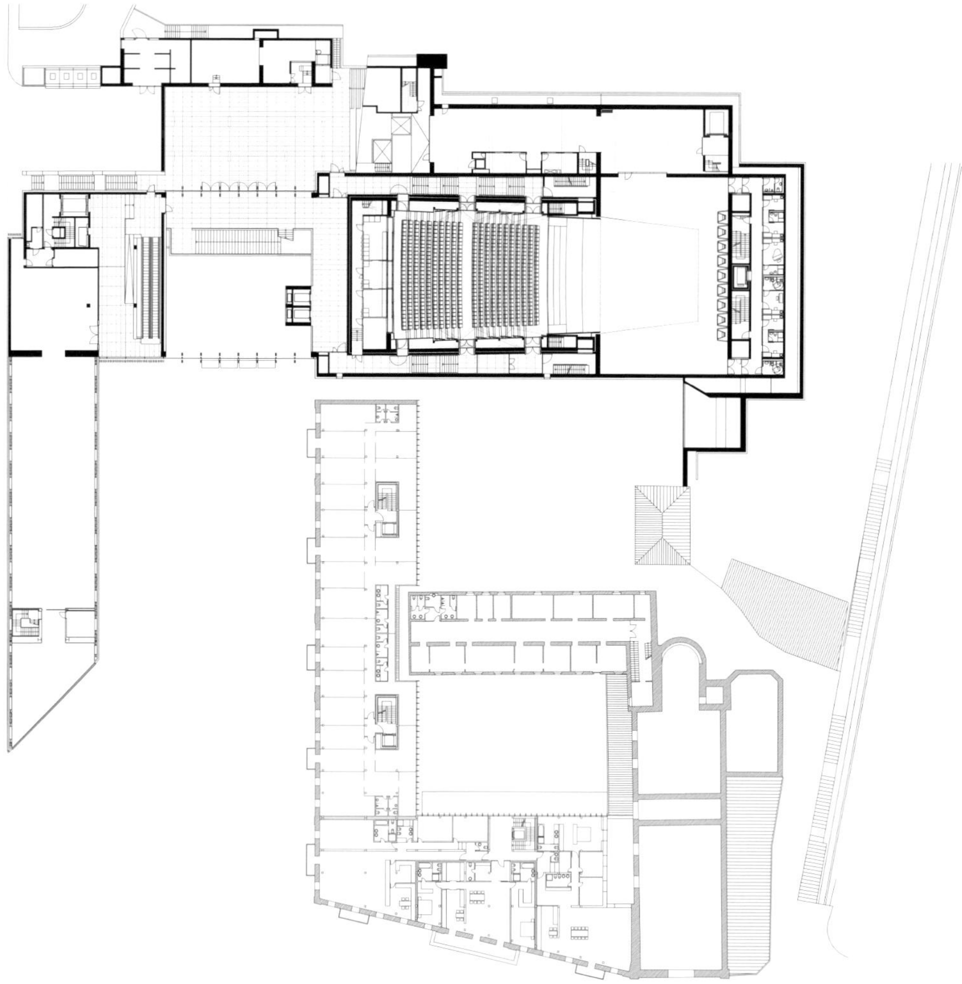

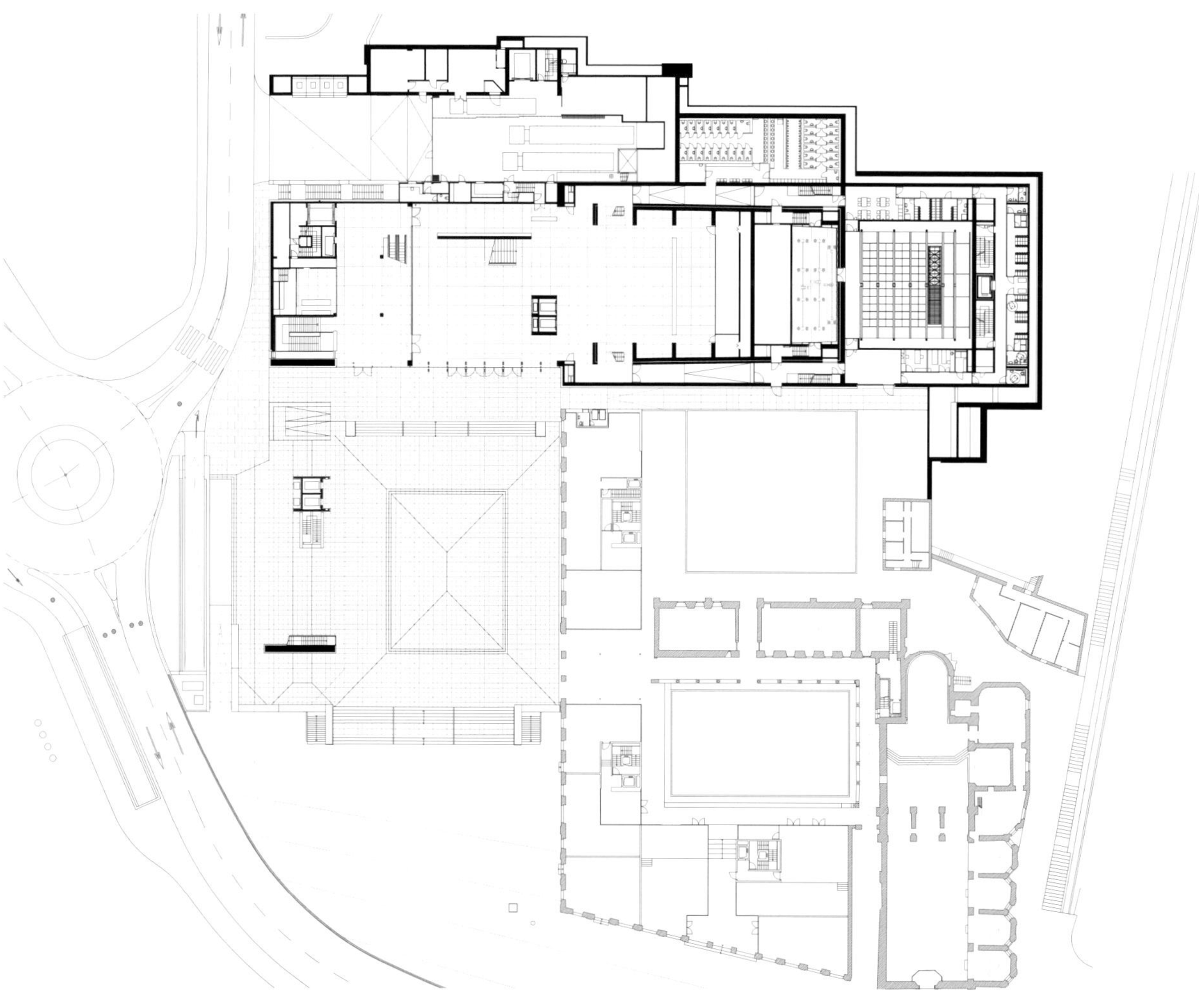

S. 24, 25
1. Luftbild von Lugano. (Photo: Città di Lugano.)
2. Plan von Lugano mit LAC Lugano Arte e Cultura.

pp. 24, 25
1. Aerial view of Lugano. (Photo: Città di Lugano.)
2. Map of Lugano with LAC Lugano Arte e Cultura.

3–6. Grundrisse (Erdgeschoß, 1. Oberschoß, 2. Obergeschoß, Dachgeschoß).

3–6. Floor plans (ground floor, 1st floor, 2nd floor, top floor).

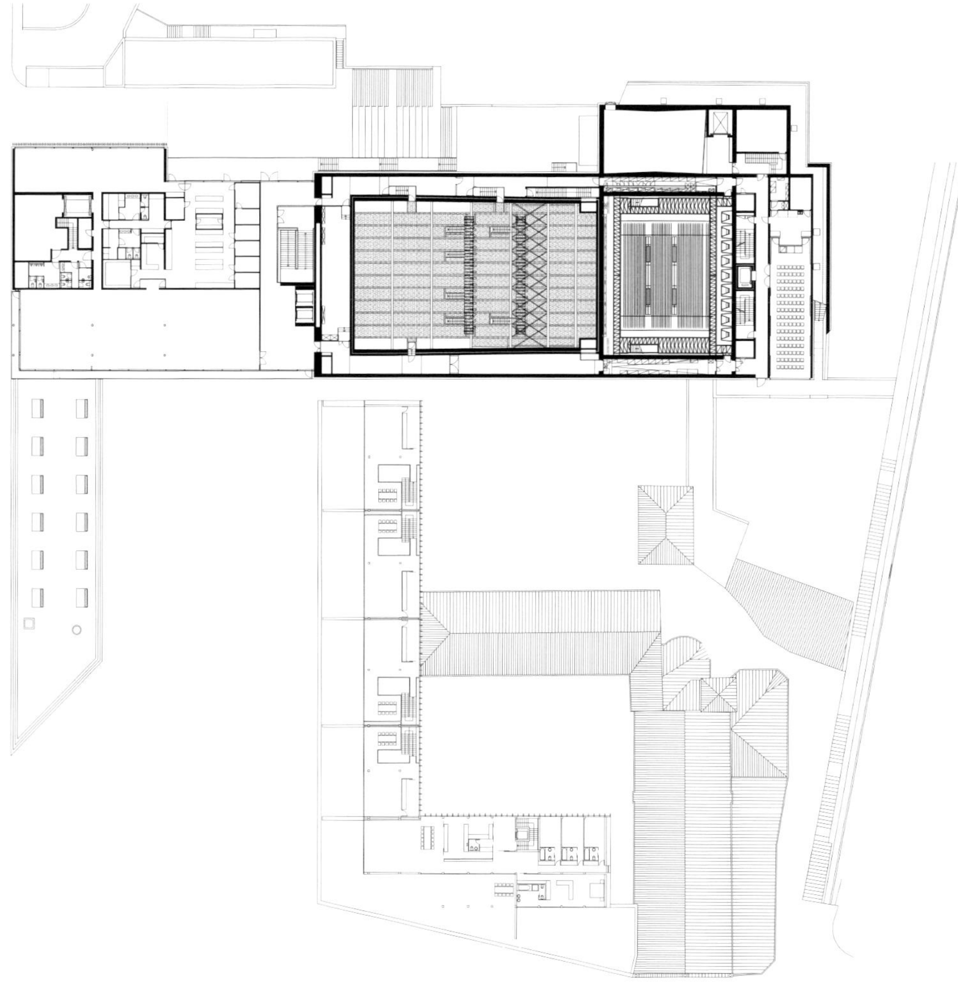

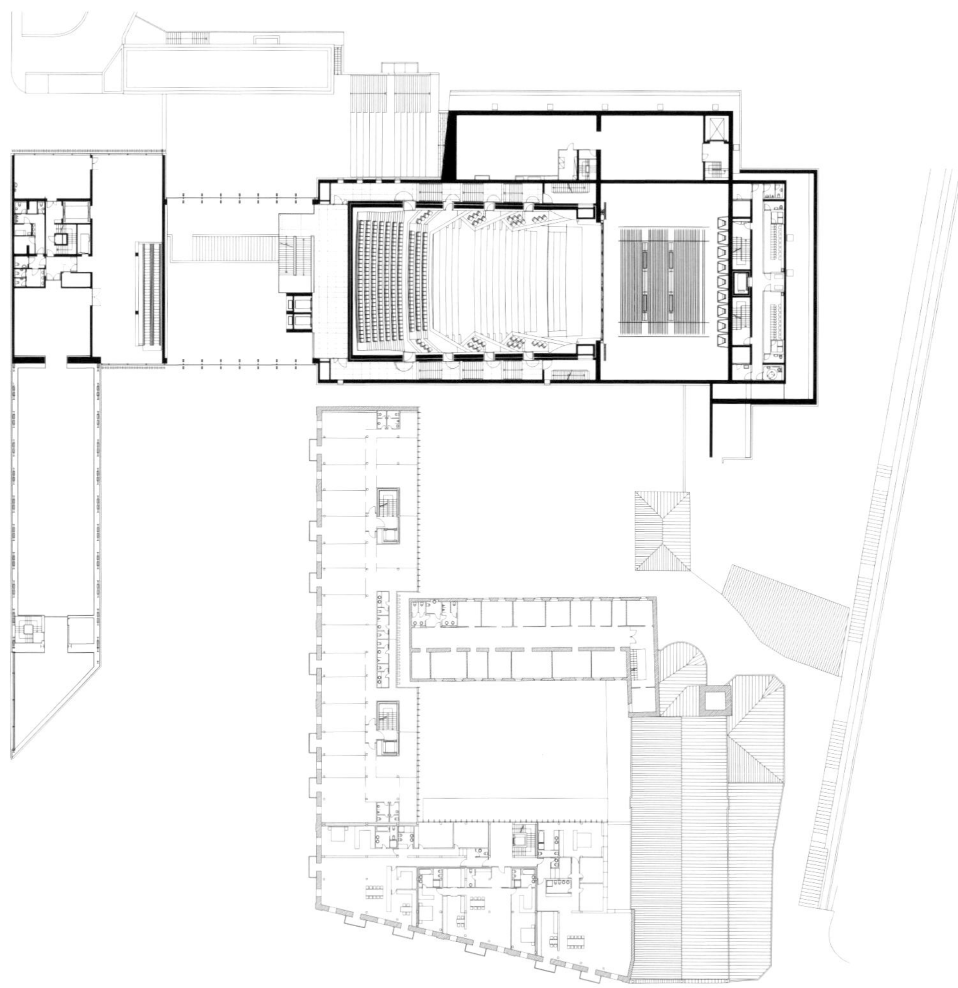

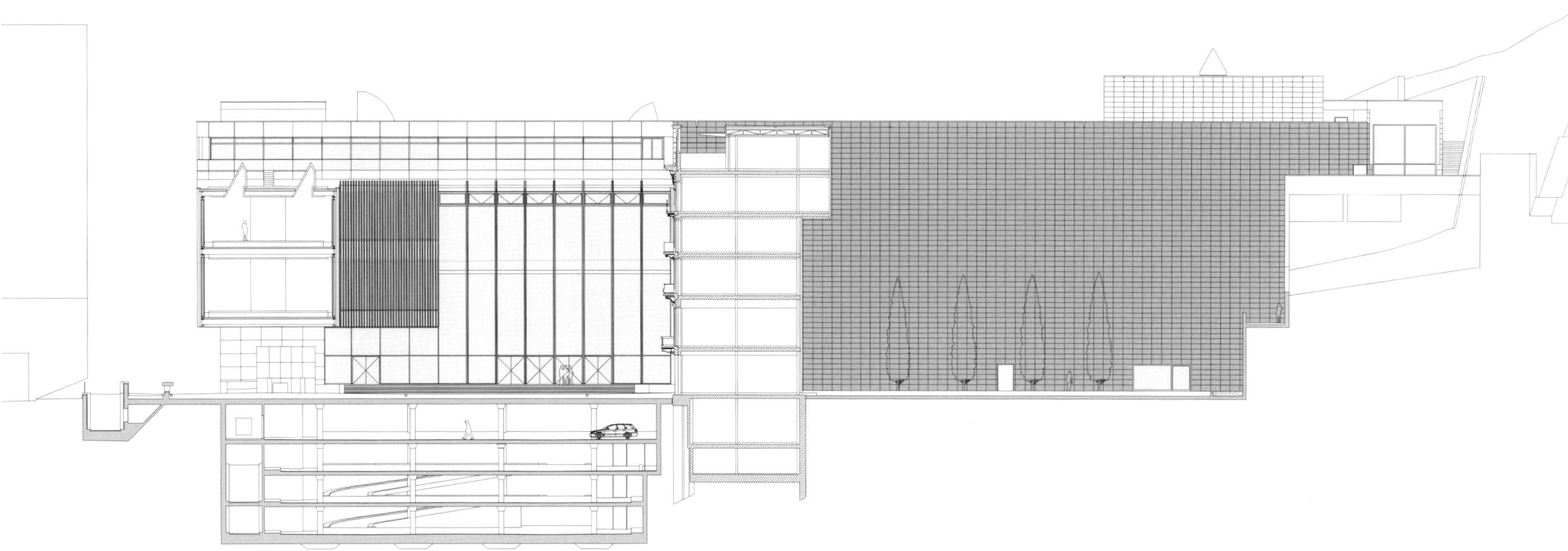

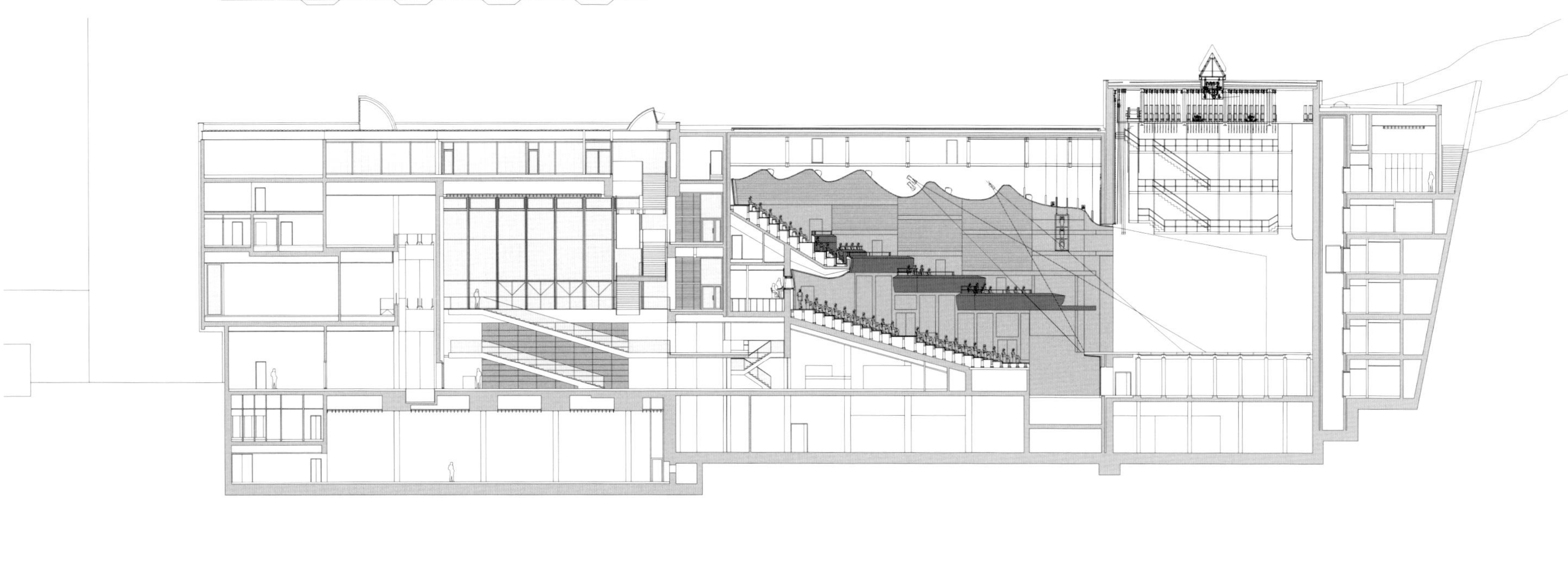

7–10. Schnitte (7 Museum, 8 zentrale Halle sowie Theater- und Konzersaal, 9 Theater- und Konzertsaal, 10 zentrale Halle).

7–10. Sections (7 museum, 8 central hall and theatre and concert hall, 9 theatre and concert hall, 10 central hall).

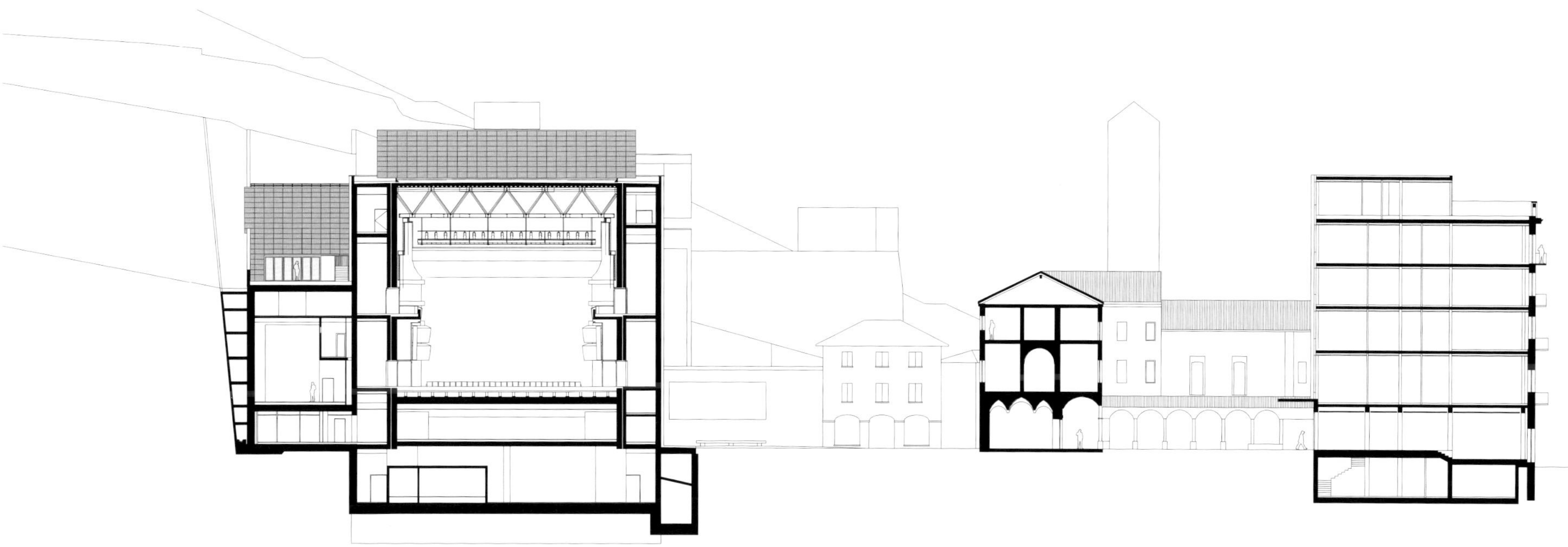

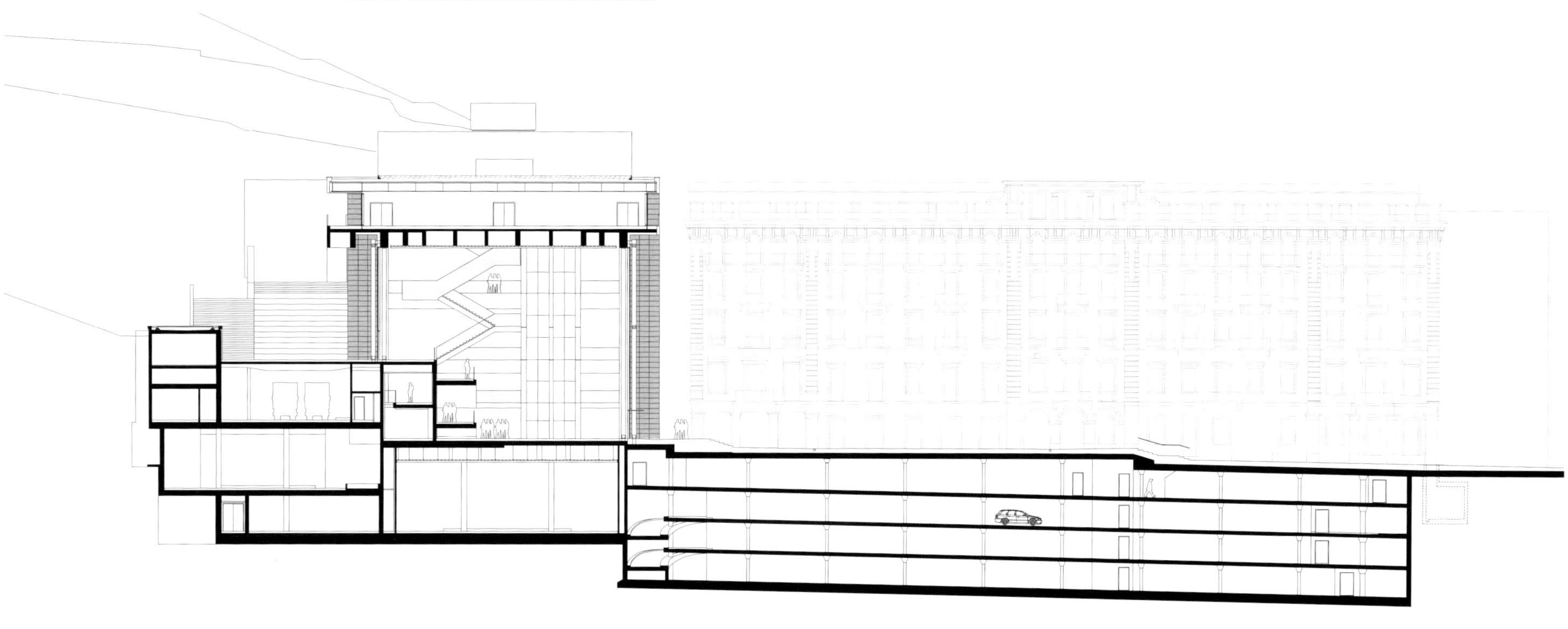

1. Gesamtansicht von Südosten.
2. Gesamtansicht von Nordosten.

1. General view from the south-east.
2. General view from the north-east.

3. Gesamtansicht von Südosten.
4. Gesamtansicht von Osten.

3. General view from the south-east.
4. General view from the east.

5. Ansicht des Museums von Nordosten. Rechts der Eingang zum Museum und zum Theater- und Konzertsaaltrakt.
6. Blick von der Piazza auf den Luganersee. Rechts das Museum.

5. View of the museum from the north-east. To the right the entrance to the museum and the theatre and concert-hall section.
6. View from the piazza towards Lake Lugano. To the right the museum.

7. Blick von Osten auf das Museum. Rechts der Eingang zum Museum und zum Theater- und Konzertsaaltrakt.
8. Die Ostspitze des Museums.

S. 38, 39
9. Blick entlang dem Eingang zum Museum und zum Theater in Richtung des ehemaligen Grand Hotel Palace Lugano.
10. Blick entlang dem Eingang zum Museum und zum Theater- und Konzertsaaltrakt in Richtung des Museums.

S. 40, 41
11, 12. Blick entlang der Südseite des Museums.

7. View of the museum from the east. To the right the entrance to the museum and the theatre and concert-hall section.
8. The east end of the museum.

pp. 38, 39
9. View along the entrance to the museum and the theatre and concert-hall section towards the former Grand Hotel Palace Lugano.
10. View along the entrance to the museum and the theatre and concert-hall section towards the museum.

pp. 40, 41
11, 12. View along the south side of the museum.

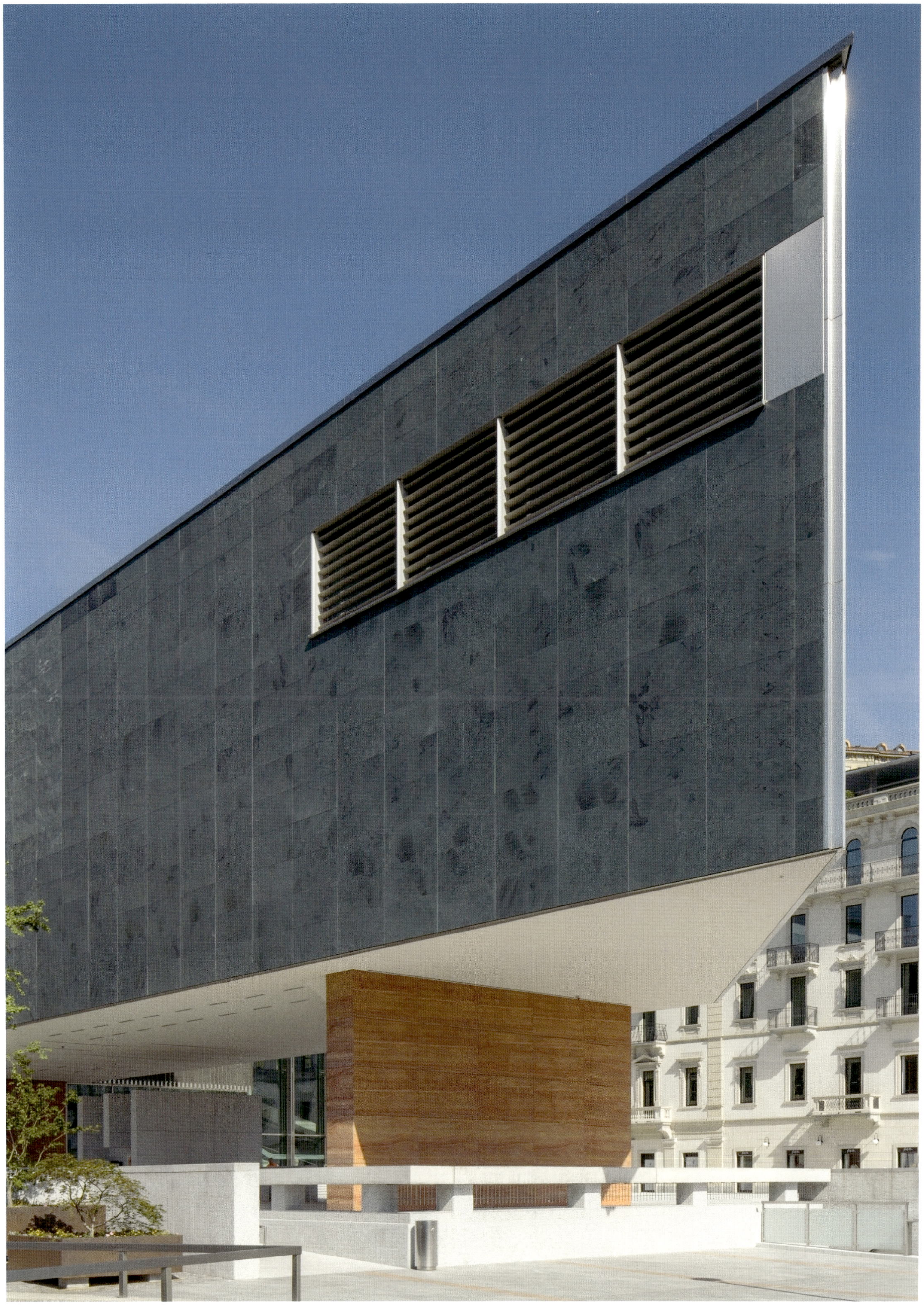

13, 14. Die Südseite des Museums. Links oberhalb des Museums das Attikageschoß, das später ein Restaurant aufnehmen soll.

13, 14. The south side of the museum. To the left on top of the museum the attic storey, which is to house a restaurant later on.

15, 16. Blick vom Park oberhalb des LAC auf die Westseite des Gebäudes.

15, 16. View of the west side of the building from the park above the LAC.

17–19. Die Westseite des Gebäudes.

17–19. The west side of the building.

20. Die zentrale Halle. Hinter der Wand der Zugang zum Museum.
21. Blick von der zentralen Halle auf die Piazza und den Luganersee.

20. The central hall. Behind the wall the access to the museum.
21. View from the central hall towards the piazza and Lake Lugano.

22, 23. Die zentrale Halle als Zugang zum Theater- und Konzertsaaltrakt.

22, 23. The central hall as access to the theatre and concert-hall section.

24, 25. Die obere Ebene in der zentralen Halle.

S. 54/55
26. Der Theater- und Konzertsaal in Richtung Empore.

24, 25. The upper level in the central hall.

pp. 54/55
26. The theatre and concert hall towards the gallery.

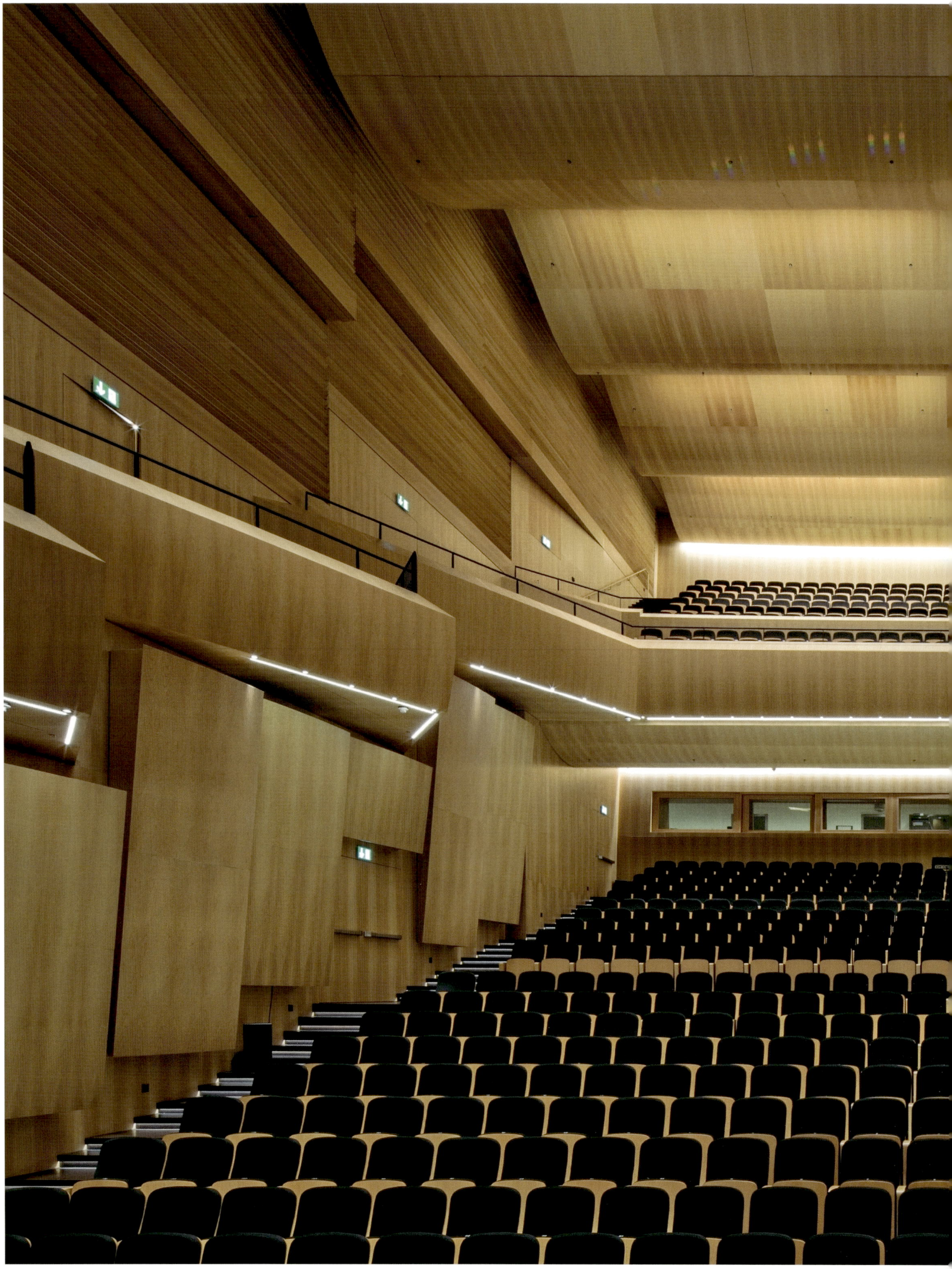

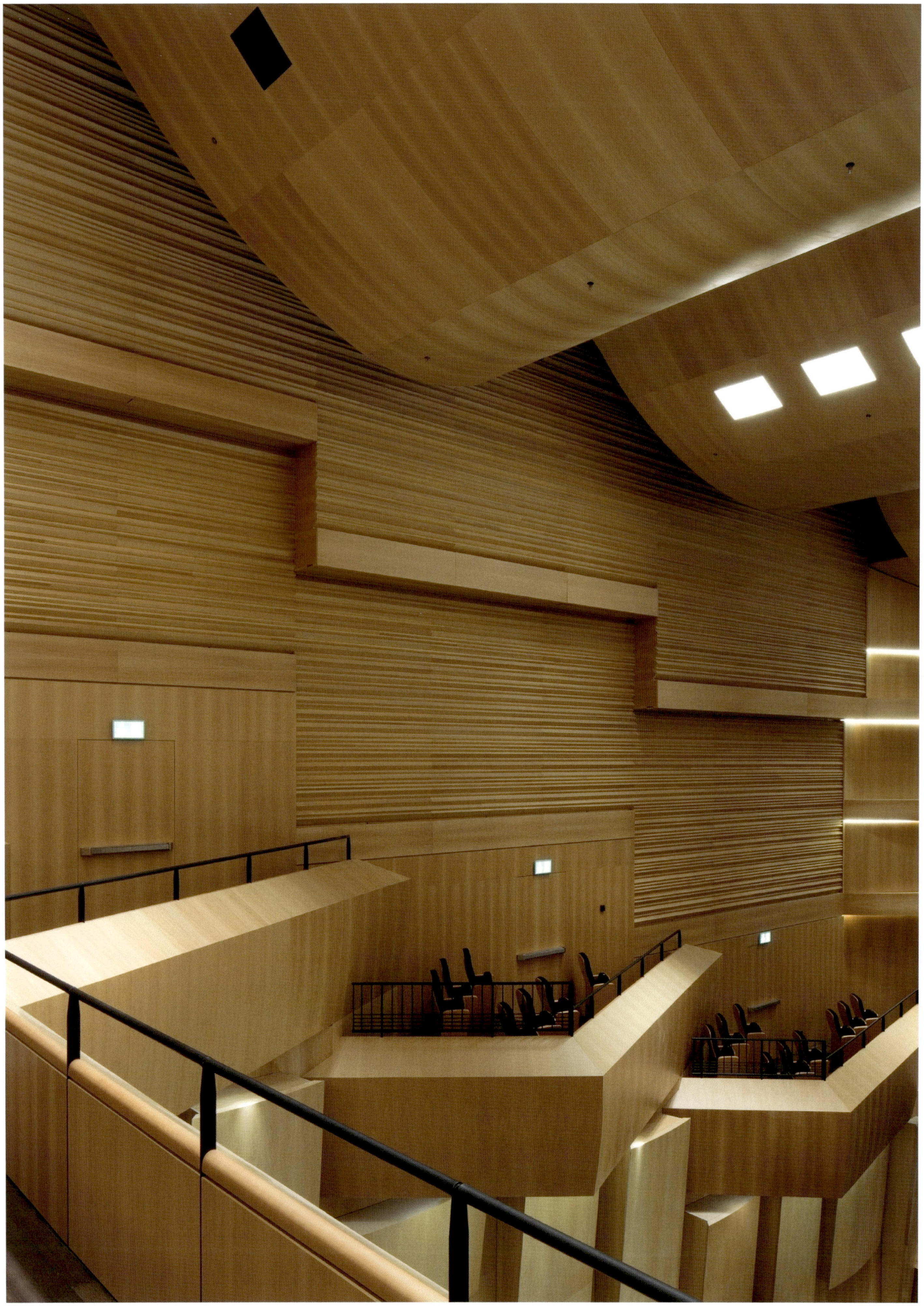

27. Balkon im Theater- und Konzertsaal.
28. Queransicht des Theater- und Konzertsaals.

S. 58/59
29. Der Theater- und Konzertsaal in Richtung Bühne. (Photo: Gianpaolo Gianini, Studio Fotografico Pagi, Lugano.)

27. Balcony in the theatre and concert hall.
28. Lateral view of the theatre and concert hall.

pp. 58/59
29. The theatre and concert hall towards the stage. (Photo: Gianpaolo Gianini, Studio Fotografico Pagi, Lugano.)

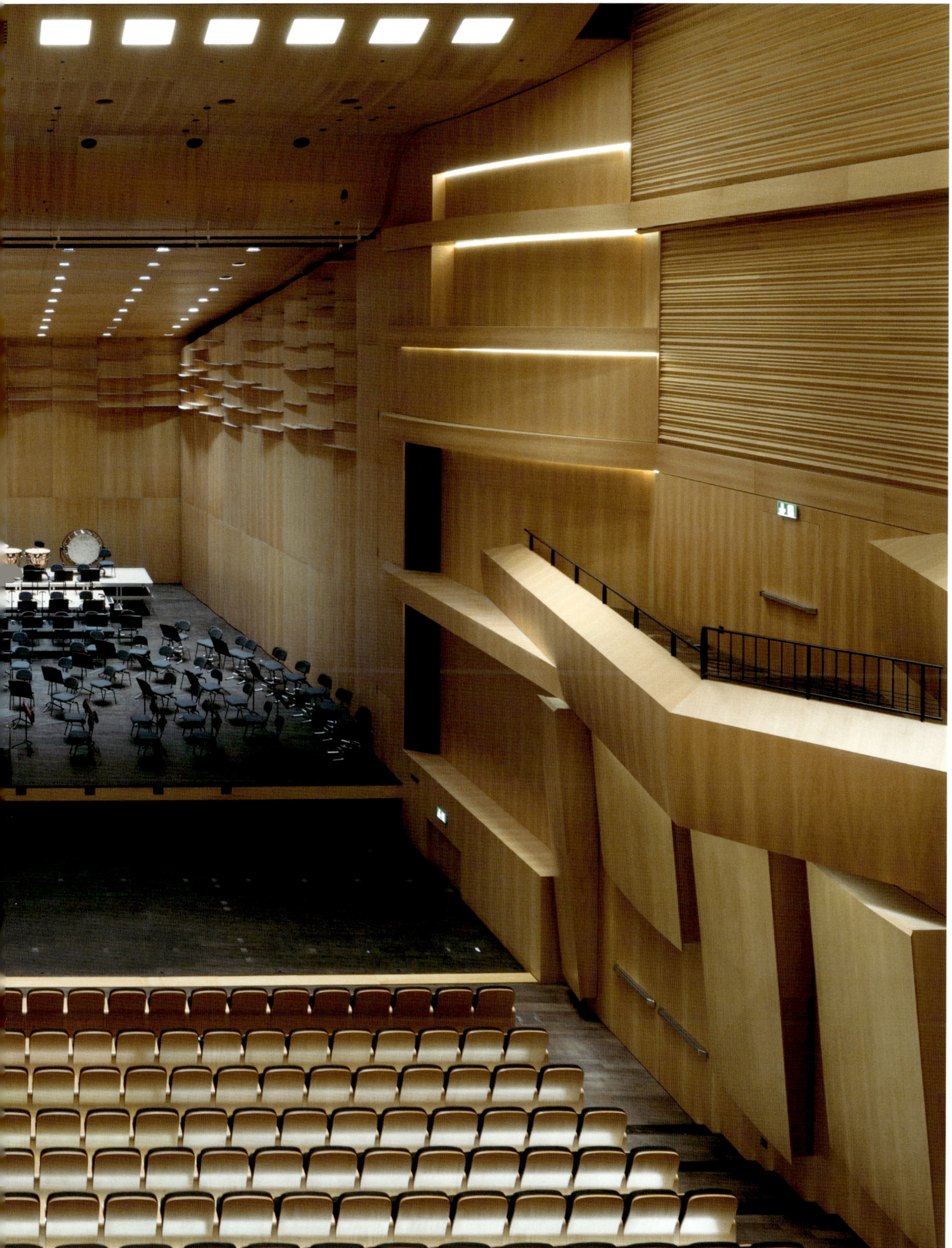

30. Der Eingangsbereich des Museo d'arte della Svizzera Italiana (Direktor: Marco Franciolli).
31. Das 1. Obergeschoß im Eingangsbereich des Museums mit Rolltreppe zur Verbindung zwischen Erdgeschoß und 1. Obergeschoß.

30. The entrance area of the Museo d'arte della Svizzera Italiana (director: Marco Franciolli).
31. The 1st floor in the entrance area of the museum with the escalator connecting ground floor and 1st floor.

S. 62/63
32. Hauptausstellungsraum im hinteren Bereich des 1. Obergeschosses im Museumsflügel.

33, 34. Ausstellungsraum im vorderen Bereich des 1. Obergeschosses im Museumsfügel.

pp. 62/63
32. Main exhibition room in the central area of the 1st floor in the museum wing.

33, 34. Exhibition room in the front area of the 1st floor in the museum wing.

S. 66/67
35. Hauptausstellungsraum im hinteren Bereich des 2. Obergeschosses im Museumsflügel.

36–38. Ausstellungsraum im vorderen Bereich des 2. Obergeschosses im Museumsflügel.

S. 70/71
39. Blick aus dem Ausstellungsraum im vorderen Bereich des 2. Obergeschosses im Museumsflügel auf den Luganersee.

pp. 66/67
35. Main exhibition room in the back area of the 2nd floor in the museum wing.

36–38. Exhibition room in the front area of the 2nd floor in the museum wing.

pp. 70/71
39. View from the exhibition room in the front area of the 2nd floor in the museum wing on Lake Lugano.

**LAC Luganao Arte e Cultura**
**Piazza Bernardino Luini, 6**
**CH 6900 Lugano**

2000 Wettbewerb, 1. Stufe / Competition, 1st stage
2001 Wettbewerb, 2. Stufe / Competition, 2nd stage
2002 Wettbewerb, 3. Stufe / Competition, 3rd stage
2006 Vorbereitung der Baustelle / Preparation of the building site
2009 Baubeginn / Start of construction
2015 Fertigstellung / Completion

**Bauherr / Client**
Città di Lugano
*Verantwortlich / Responsible (2004–2016)*: Giovanna Masoni Brenni, Vicesindaca di Lugano

**Programm / Programme**
Nuovo Centro Culturale di Lugano, Lugano

**Architekt / Architect**
Ivano Gianola Studio d'architettura, Mendrisio
*Verantwortlich / Responsible*: Ivano Gianola
*Projektleiter für das Museum / Project manager for the museum*: Marco Scuffi
*Projektleiter für das Theater / Project manager for the theatre*: Mauro Baldo
*Mitarbeiter / Collaborators*: Stefano Rizzi, Giuseppe Battaglia, Prisca Stoppa, Maria Guidicelli, Giulio Gennaio, Renzo Toscanelli, Francesco De Dominicis, Ovidio Medici, Guido De Sigis, Sabina Rondina, Cornelia Brunori

**Kunstberater / Artistic consultant**
Giorgio Vicentini

**Vorarbeiten / Preliminary work**
*Gesamtleitung / General management*: G. Dazio & Associati SA, Cadenazzo-Lugano (Gianfranco Dazio)
*Infrastruktur und Straßen / Infrastructure and streets*: Borlini & Zanini SA, Lugano (Cristina Zanini Barzaghi)
*Geotechnik/Geotechnics*: Leoni Gysi Sartori Ingegneria geotecnica geologia idrogeologia SA, Sorengo (Romano Leoni)

**Bautechnik / Civil engineering**
*Gesamtleitung / General management*: Balmelli & Partner Ingegneria SA, Lugano (Giovanni Balmelli)
*Museum, Halle, Garage / Museum, hall, garage*: Balmelli & Partner Ingegneria SA, Lugano; Studio Ingegneria Sciarini SA, Vira Gambarogno
*Theater / Theatre*: Passera e Pedretti Consulting SA, Grancia; AR & PA Engineering SAGL, Pregassona

**Technische Ausstattung / Technical equipment**
*Gesamtleitung / General management*: Tami-Cometta & Associati SA, Lugano (Fernando Cometta)
*Museum, Halle, Garage / Museum, hall, garage*: Tami-Cometta & Associati SA, Lugano; Alpiq InTec Ticino SA, Lugano
*Theater / Theatre*: VRT Visani Rusconi Talleri SA, Lugano; Alpiq InTec Ticino SA, Lugano

**Elektroplanung / Electrical engineering**
*Gesamtleitung / General management*: Elettroconsulenze Solcà SA, Mendrisio (Dario Menaballi)
*Museum, Halle, Garage / Museum, hall, garage*: Elettroconsulenze Solcà SA, Mendrisio; Alpiq InTec Ticino SA, Lugano
*Theater / Theatre*: Scherler AG, Lugano; Alpiq InTec Ticino SA, Lugano

**Akustik / Acoustics**
Müller-BBM GmbH, Planegg

**Bühnentechnik / Stage machinery**
Kunkel Consulting International GmbH, Bürstadt

**Szenographie / Scenography**
Peter Bissegger, Intragna

**Bauphysik / Building physics**
IFEC ingegneria SA, Rivera

**Brandschutz / Fire protection**
Swissi SA, Massagno

**Verkehr / Circulation**
Brugnoli e Gottardi Ingegneri Consulenti SA, Massagno

**Lichtplanung / Light planning**
Consuline Architetti Associati, Mailand / Milan

**Glas- und Steinfassaden / Glass and stone façades**
Renato Conti, Lugano; Sergio Hofer, Lugano

**Orientierungssysteme / Sign systems**
CCRZ SA, Balerna

**Grünplanung / Landscape planning**
Studio Pandakovic e Associati, Como

**Deponie im See / Deposal in the lake**
Geologia e Territorio Studio Luechinger; Passera e Pedretti SA, Grancia; GRAIA srl, Varano Borghi

**Generalunternehmer / General contractor**
COMSA Suisse, Pregassona